扎根铸魂

2024
ROOT AND SOUL

年度报告 —

—— 建信北京 著

社会科学文献出版社
SOCIAL SCIENCES ACADEMIC PRESS (CHINA)

P REFACE

序 言

扎根铸魂　乘势而上

建信北京董事长　王业强

过去五年，百年未有之大变局加速演进，全球供应链、产业链、价值链正在进入深度调整中，产业链从效率优先不断向多元目标主体切换，其中供应链安全越来越成为各国在全球化目标中新的中心议题。维护产业链供应链安全稳定已成为世界各国面对的共同挑战和重大课题。从国家、产业、企业层面来看，产业链供应链安全意味着关键生产环节的自主可控，意味着战略支柱产业的核心竞争力强，意味着核心企业的抗风险韧性强。这一重大命题毫无疑问需要凝聚各方力量，完成一棒又一棒的接力后触达目标。金融作为现代经济的血脉，全力支持产业链供应链畅通，是当前形势下刻不容缓的一项重大任务。作为一家国有投资机构，产业链投资是我们始终不懈坚持的投资策略。我们不仅在一个纵深的产业中投资，也注重横向建立行业伙伴关系。对我们来说，产业链投资不仅"正当时"，而且过去、现在、未来都会牢牢坚守。

■ 中国制造在全球供应链中不断上升的影响力

回顾历史，20世纪以来，全球范围内经历过四次大规模的产业链迁移。第一次在20世纪初，英法等技术领先国家将部分"过剩产能"向美国转移；第二次在20世纪50～60年代，美国将钢铁、纺织等传统产业向德国、日本及其他西方经济体转移；第三次在20世纪

60～70 年代，美、日、德等发达国家向亚洲"四小龙"和部分拉美国家转移轻工、纺织等劳动密集型加工产业；第四次在 20 世纪 80 年代初，美欧发达经济体与亚洲"四小龙"等把劳动密集型产业和低技术高消耗产业向发展中国家转移。低端制造业外流无疑是产业发展的长期规律，四次迁移均体现出制造业整体向人力资源优势地域迁移的特点。

每一次转移都支撑了全球经济的一轮繁荣，成就了一批新的高速增长的工业化国家。在第四次转移中，中国依托低成本优势，承接发达国家劳动密集型产业。随着全球范围制造业分工不断深化，产业进入壁垒显著降低，越来越多的资本技术密集型环节开始向中国扩散，使得中国获得了更多参与全球分工的机遇。得益于第四次全球制造业迁移，我国制造业获得飞速发展，中国制造从低成本优势不断深入，成为全球化过程中质优价廉的新选择和全球产业转移的最大承载地。

第四次转移开始至今已走过 40 多载，我国积极主动地融入全球价值链，建立了相对完整的制造业生产体系，并在众多领域确立了明显的规模优势，逐渐成长为"世界工厂"和全球供应链的枢纽中心。第一，我国拥有世界上最完整的工业体系、齐全的工业门类、丰富的产业链条。在融入全球价值链的过程中，中国在产业链不断升级的同时，也形成了独立完整的现代工业体系。在工业品和中间品领域，目前中国已经拥有 41 个工业大类、207 个工业中类、666 个工业小类，形成了从终端产品、零部件、原材料到相关配套设备的齐全完备的产业链。在世界 500 多种主要工业产品中，有 220 多种工业产品中国的产量都居全球第一，展现出强大的规模化生产能力。在全球贸易方面，我国是 140 多个国家和地区的主要贸易伙伴，货物贸易总额近十年排名全球第一。第二，完备性在一定程度上确保了我国产业链韧性较强、回旋空间大、抗风险能力强。产业链环环相扣，一个环节阻滞，上下游都无法运转。完整的现代工业体系，确保了我国经济体系的巨大韧性，甚至在外界不可控因素的冲击下，仍能够有效维护产业链供应链的稳定。不论是突如其来的新冠疫情，还是美欧持续升级的科技封锁和贸易管制，都未能对中国产业内部的稳定性造成根本性的破坏。我国制造业规模实现连续 13 年居世界首位，制造业增加值从 2012 年的 16.98 万亿元增加到 2022 年的 33.5 万亿元，占全球的比重从 22.5% 提高到近 30%，市场份额扶摇直上，超越美、日、德三大工业国之和。此外，我国建设了 400 多家国家新型工业化产业示范基地，培育了一大批具有一定规模和竞争力的先进制造业集群，形成了一批支撑带动能力强的载体，为增强我国产业韧性发挥了关键作用。第三，我国产业链由中低端向高端扎实迈进。作为"世界制造中心"的中国，初期制造业以加工出口贸易方式为主，从而获得了巨大的贸易顺差，但众多发展中国家的经验表明，这一发展模式也极易被锁定在低附加值生产环节无法向上攀升。为摆脱"低端锁定"，我国企业加速提升自主创新能力，突破核心技术和关键零部件等"卡脖子"局面，不断向全球价值链高端进发，这种上升势头已经引起了发达国家群体性的警觉，这也是我国目前遭到个别国家科技封锁的根本原因。第四，我国产业链与全球生产网络高度融合。20 世纪 80 年代以来，随着世界生产日益分散化，国际分工格局发生重大转变。生产活动无须在一国内部、由同一公司甚至同一工厂来完成，而是在区域和全球范围内分工协作完成。加入 WTO 之后，特别是 2008 年国际金融危机以来，中国制造业价值链开始向更多国家和地区拓展，并在消费电子等全球化特征突出的产业形成了以中国为供应链枢纽的全球生产体系。据统计，中国多数下游制造产业的生产规模都超过全球的 30%，电子电器等产业的规模甚至超过全球的 40%，加上为中国提供各种配套并形成稳定分工关系的其他生产能力，总体规模占到全球的 60% 以上。相比而言，日本、韩国、德国等制造业第二梯队国家，紧紧围绕欧美技术前沿和中国生产体系形成上下游分工关系，并获得参与和影响全球价值链的机会。越南等东南亚国家是全球制造业第三梯队，作为卫星生产基地，为中国提供生产配套。可见，中国逐渐发展成为全球生产网络的区域性枢纽，并在制造业全球价值链的多数领域占据生产主体地位。

■ 中国在全球供应链体系中的脆弱性

面对全球供应链在过去十年的发展变化，我们既要看到中国制造在其中影响力的不断扩大，也要看到中国产业链在很多领域仍然存在极为脆弱的一面，在全球供应链的深度调整中，面临的风险仍然很大，突破的难度仍然很高。

第一，产业基础不足问题集中体现在部分关键环节自主可控能力不强上。完整工业体系并不完全等同于"强"产业体系，中国工业体系中"卡脖子"现象频现，"大而不强""全而不精""韧中有脆"时常被用来概括中国产业链存在的问题。此前，《科技日报》在"亟待攻克的核心技术"系列报道中，列举了35项"卡脖子"技术，以及中国与之的差距。这些"卡脖子"的关键技术掌握在美欧日等发达经济体手中，核心技术受制于人。关键技术和核心零部件依赖进口，关键零部件、元器件、材料的自给率仅为1/3。由于产业基础能力有待夯实，当前中国许多产业存在"缺芯""少核""弱基"的问题，基础工业的底层技术自主性在大部分领域还存在明显的短板，需要付出艰巨的努力才有希望克服。

第二，产业整体附加值相对较低，高品质、高复杂性、高附加值产品供给能力不足。在过去40余年的高速增长中，中国成为全球价值链下的制造大国，主要依赖于发达国家的产业转移和劳动密集型行业低技术含量的产品出口，这也导致了我国在国际分工体系中处于中低端，面临着资源约束和成本约束。另外，关键技术、核心零部件、重要设备等"卡脖子"问题也导致我国产业附加值偏低，在全球价值链上的增值能力不强，在产业链微笑曲线两端的存在感与主要发达国家相比仍显不足，产业发展受制于人，相关产业盈利能力偏弱，影响其大规模投入科技创新提升产品附加值。

第三，基础研究与科技创新存在短板。虽说我们用几十年走完西方数百年的工业化历程，但与欧美发达经济体的工业化积累相比，我们在基础科技领域仍然存在很大差距。一方面，基础科学研究短板依然突出，底层基础技术、基础工艺能力不足，在工业母机、高端芯片、基础软硬件、开发平台、基本算法、基础元器件、基础材料等方面的诸多瓶颈有待克服，寻求突破面临先行者的生态壁垒和专利高墙；另一方面，我国企业和产业创新意愿不强，创新能力不足，缺乏重大原始性创新和关键核心技术，技术创新与市场应用衔接不畅，没有形成闭合国产产业链。以半导体行业为例，全球半导体巨头之所以能持久发展，核心在于它们都建立了具有活力和创新力的产业链生态，在每一次重大科技突破过程中，它们都是行业当仁不让的引领者。中国需要全面加强基础研究、实现底层突破，勇于进入自身科技前沿的"无人区"。

■ 全球产业链重整过程中的中国应对

周边化、区域化和多元化是全球产业链兼顾效率与安全过程中逐渐形成的新模式。2018年中美贸易摩擦和2020年初的新冠疫情使得产业链安全问题突出，不仅是中国的，也是全球的。特别是新冠疫情对全球产业链造成了突发性破坏，产能不足和运输能力下降引发供应紧张，促使各国重新思考，过去30年在推动经济全球化快速发展的大浪潮中已形成的长链条化的产业分工结构是否合理。为了防止全球贸易投资造成本国产业链断裂的风险，也为了本国产业和技术在国际竞争中保持优势，发达经济体纷纷颁布产业链回迁政策，如"美国制造业回流计划"、"美国优先计划"、《欧盟新工业战略》，日本制定经济刺激计划改革供应链等，将产业链重心转向欧洲、北美、东亚、东盟等区域，并在国（区域）内进行垂直一体化布局。因此，之前由于追求极致效率原则分包给不同国家和企业的生产工序和环节，目前有被收回到跨国公司内部相对短链条进行生产趋势。总之，在全球生产分工仍有获利空间的基础上，各国力图通过寻求产业链的周边化和多元化来规避突发性的冲击。

在重构产业链过程中，西方发达国家"巧立名目"打压竞争对手，试图重建产业链竞争优势。个别国家针对中国发起的供应链重构策略从2018年开始至今没有偃旗息鼓的迹象，在全球化"去风险"的名目下事实上正在寻求技术等西方发达国家自认为建立了自身竞争优势的领域"脱钩断链"。包括欧美在内的发达经济体依托其在产业链中掌握的高位阶的话语权,加速在全球、区域、双边等多层次推动建立以其为中心的产业联盟,意欲通过重构国际贸易规则,干预传统全球价值链格局,阻止中国向全球产业链中高端攀升;此外,它们甚至不惜使用《芯片与科学法案》《削减通胀法案》等破坏全球市场经济的法案,意图打破传统以比较优势构建的全球价值链布局,迫使外商投资与供应链整体从中国外迁至东南亚、印度、墨西哥等其认为更易控制的区域,达到在全球产业链层面"去中国化"的目的。但考虑到中国在全球供应链中固有的规模优势,想要在产业链重构中降低乃至消除中国影响力难度一样是非常巨大的。

基于这种全球供应链形势和中国相对而言大而不强的产业链基本布局,面对发达经济体高端封锁与低端锁定双重夹击的窘境、逆全球化思潮兴起、贸易摩擦升级及国际循环局部性梗阻等挑战,中国需要重新构建以现代化产业体系为基础的新型产业链格局,以突破瓶颈向上提升的姿态应对内外压力,在产业链重构过程中强化中国制造的综合竞争优势。纵观人类社会现代化发展历程,产业体系的现代化是现代化的核心。在全球价值链分工时代,产业体系现代化是一个国家或者地区提升产业链水平、强化其产业在全球价值链各环节的增值能力、实现在全球价值链的地位升级的过程。放眼全球,成功实现现代化的国家,都经历过产业体系现代化的过程,在某个或某些产业领域形成位居世界前列的制造或服务能力,其成为支撑高效率社会生产和高水平国民收入的基石。比如,美国的电子信息、生物医药、航空航天、金融和法律服务业,德国的汽车和先进装备制造产业,日本和韩国的电子产品、半导体、造船、汽车产业,都是支撑这些国家跻身发达经济体的物质基础。反之,一些曾经的强国走向衰落,一些国家掉入所谓"中等收入陷阱",经济陷入长期停滞,重要的教训也是没有实现产业体系的不断升级和现代化,没有保持社会生产力的持续发展。在现代化产业体系建构中,至少需要处理好以下几个方面的问题。

第一，要乘势而上，在短板领域加快突破。产业链供应链安全无疑是大国经济必备的特征，对经济安全、国家安全具有战略意义。在国际竞争提速升级背景下，中国产业链供应链安全问题凸显。中国产业基础在"量"的层面取得巨大成就，然而在"质"的层面存在诸多不足，特别是芯片、发动机、材料、数控机床、工业软件等领域存在短板。工信部对全国30多家大型企业的统计发现，在130多种关键基础材料中，有近32%无法自主生产，超过一半需要从国外进口。"补短板"就是要奔着最紧急、最紧迫的问题去，包括针对"断供"采取加大自主开发、加快国产替代等补链强链措施，实现上游重要原料供应、关键部件生产等环节的自主可控。

第二，要顺势而为，在优势领域做大做强。中国在全球产业链中的地位大幅提升，部分关键领域甚至实现领跑，这为应对国际产业链博弈提供潜力支撑。自加入WTO以来，中国作为亚洲生产网络的中心，与美国、德国一起成为全球商品贸易的三大枢纽。在中间品贸易方面，中国更是跃升为全球第一机电产品出口大国，并成为东亚－太平洋地区外国直接投资的主要目的地和产业链发展的主要推动者。此外，中国在5G、量子计算、新能源、轨道交通等前沿领域建立的产业优势也将成为与发达国家技术竞争的砝码。推动更多优质的创新、技术、人才、资本向已具备优势的领域集聚，着力巩固优势产业领先地位，持续汇聚资源、精耕细作，创造出更多独门绝技，才能把发展主动权牢牢掌握在自己手中。

第三，要转型升级，在传统领域提质增效。低附加值红海市场的持续厮杀不可能阻止中国资本边际效率持续下降的长期趋势，产业升级是阻止资本效率继续下降的必由之路。转型升级的实质是以适应竞争环境、提高经济附加值和竞争力为目标的产业演进和变迁过程。包括传统行业的数字化转型，新技术、新工艺、新装备的导入，新旧动能的转换等都是引领中国产业完成转型、变低端市场的"红海"为中高端市场的"蓝海"、向"微笑曲线"两端高附加值延伸拓展或实现全产业链发展的根本出路。

第四，要潜心扎根，在基础研究领域加大投入。不难发现，全球技术发展似乎在放缓，究其根源在于基础科学缺乏根本性的突破。基础研究是自主创新的源头，是科技强国的基石。在全球化遭遇逆流中，在对华技术封锁逐渐成为少数国家共识的前提下，我们必须主动开辟前沿战场，加大基础科研突破力度，为持续发展提供可靠的技术支撑。这其中就需要大量资金的持续投入，不只限于国家的投入，企业和社会资本同样需要更多地投向基础研究，传统上高校、科研院所和企业之间的分工可能面临重构，企业需要在基础研究领域做更具前瞻性的布局。

第五，要创新引领，在科技前沿领域敢想敢干。科技是国家强盛之基，创新是民族进步之魂，正如党的二十大报告中强调的："科技是第一生产力、人才是第一资源、创新是第一动力"，中国发展至今，走科技引领的道路是唯一选择。我们必须摒弃技术"依附"思想及长期在既定产品设计框架下进行生产、只"知其然而不知其所以然"的简单跟随模仿的技术学习路径，坚定转向通过产品设计与开发过程自主培植创新能力的技术轨道。同时，在技术引进的辅助下，加快建立能够吸收外国先进技术知识的产品开发平台或技术活动系统，在自主研发实践中生成、延续和增强把握技术变化的能力，走上自主创新的道路。所谓"筑长板"就是向前看，需要有预见性，甚至在"无人区"要及早部署研究，使中国经济在向前发展的过程中得到最关键的科技支撑。

第六，要凝心铸魂，在关乎国家民族命运的大潮中敢于斗争、善于斗争。从贸易摩擦到科技竞争，我们面临的外部发展环境始终艰辛，随时都处在"准备经受风高浪急甚至惊涛骇浪的重大考验"过程中，我们既要树立战略自信、坚定必胜信心，勇于突破自我，保持国家向前发展的精气神，又要充分看到并利用自身优势和有利条件，在全球范围内团结一切愿意与中国合作共赢的力量，化个别国家的科技封锁于无形。在构建现代化产业体系这一重大工程中，我们应清晰意识到，我国社会主义制度能够集中力量办大事是我们最大的优势，斗争精神是我们在伟大历史实践中总结出的宝贵经验。因此，我们要发挥好这种优势，发扬好这种精神，涵养构建现代化产业体系的精神力量，凝聚构建现代化产业体系的磅礴合力。

■ 产业链投资始终是建信北京投资的主线

作为国有大行的投资平台，我们既要坚持国有投资机构的初心使命，更要为投资人（在市场经济大潮中打拼的高净值客户）实现长期可持续的财富增值。在实践中，我们始终坚守"国家队"的使命，服务国家战略，充分考量投资的社会效益和国家需要，在国家持续发展过程中顺势而为，并实现自身的成长、壮大。

观大势谋大事，将高质量发展融入平常工作。当今时代，高质量发展是主旋律。我国正处在转变发展方式、优化经济结构、转换增长动力的攻关期。如果今天我们还在投资低端产能、高耗能企业，就不是高质量发展，这条路注定走不通。我们将高质量发展要求融入血脉并躬行实践，资金端、资产端都紧紧围绕高质量发展来落实。在国家发展大势下，我们用市场观念和前瞻思维来研究行业和企业，筛选什么行业能进、什么企业能投，做出市场化的选择，以夯实高质量发展基础。

布局关键、新兴产业，助力建设现代化产业体系。产业链韧性的问题实际上可归结为产业体系建设的问题，亦即延链补链强链与建设现代化产业体系是一脉相承的。我们按照现代化产业体系划分专业赛道，紧密围绕国家重大战略开展投资业务，聚焦"卡脖子"技术、专注"硬科技"企业，加大对关键核心技术的金融支持。与此同时，我们顺应新一轮科技革命和产业变革趋势，把握战略性新兴产业发展机遇，布局战略新兴产业，持续加大对新技术、新设备、新产能的投资力度，助力我国在若干新赛道上实现领跑。

勇闯科技创新"无人区"，支撑科技自立自强。高质量发展是创新作为第一动力的发展，而创新的核心在于科技。突破一个关键技术，往往能够创造一个细分行业，进而盘活整个产业，最终对经济全局高质量发展形成积极带动。特别是当前世界格局处在深刻变化中，科技创新不仅是发展问题，更是生存问题。我国创新正处于从量的积累向质的突破转变阶段，需要大量的资金支持，股权投资正是支持创新的重要方式之一，可以观察到美国的科技创新发展离不开其金融体系长期培植的风投文化。我们要着眼未来发展，锚定创新驱动大方向，坚持面向前沿的勇气，敢于向未知领域进军，进行前瞻性布局。

坚定产业链投资，践行长期可持续投资理念。产业链既是经济主体的连接，也是价值链的载体。长期可持续的投资应建立在看透公司所处产业链的基础上，从产业链的角度看市场供需。从上游追溯成本可控性，从下游寻找市场商机，更长期地持有，预见产业链的未来。此外，相比传统的金融资产，源于实体经济的核心企业可以实现上下游的有效扩散。

尽管当前世界处在瞬息万变中，我们始终对自己有清晰的认知。我们坚信在为国家完善产业链过程中贡献了绵薄之力，也一定会为我们的投资者带来持续回报，同时也编织构筑了我们强大的产业链投资网络。为此，希望与业内同仁分享一些我们在坚守产业链投资过程中的典型案例，并将我们从中积累的一些投资理念、心得和体会向我们的投资者报告。

目　录

数据通信网络芯片是计算机网络的核心基础，是计算机设备、网络设备、终端设备等的核心芯片，重要性高、应用领域广。目前技术由少数国际企业占据垄断地位，在网络信息安全的重要性日益提高、国际政治形势日益复杂、贸易冲突日益频繁等因素的共同推动下，国产化需求较强、国产化空间较大。中国（不含港澳台，本文余同）相关企业数量较少、实力较弱，具备较强技术实力与产品化能力的企业非常稀缺。

一、投资背景：信息安全为通信设备产业成长注入重要增量

（一）产业生态：网络互联的核心基础

1. 计算机网络互联概况

计算机通信网络是指将多个计算机互相联通起来，通过物理和逻辑连接，使它们可以相互通信和共享信息资源的网络系统，是互联网和数字经济发展的重要基础。计算机通信网络可以覆盖广泛的区域，从局域网到全球互联网。计算机通信网络的基本组成部分包括计算机、网络设备（如路由器、交换机、网关、集线器等）、传输媒介（如光纤、电缆、无线电波等）和通信协议。其中，数据通信网络芯片是网络设备的核心组成部分之一，它内置了处理器、内

存、网络接口、物理层接口等多种功能模块,能够实现网络数据的传输、处理和转发等操作。

2. 数据通信网络芯片的类别

数据通信网络芯片是实现计算机网络互连的核心基础,是组成各类计算机设备、网络设备与嵌入式设备等的核心部件。按照不同的功能,常见的数据通信网络芯片主要可以分为网络交换芯片、网络路由芯片、网络处理器芯片等(见表1)。

表1 主要数据通信网络芯片情况

芯片类型	简要描述	主要应用设备
网络交换芯片	主要实现设备的互连、数据的转发、信息的传输等功能; 对大带宽、低功耗、高性能、低成本要求较高,对网络交换芯片自身的要求较弱; 大多采用流水线架构 (pipeline)	交换机、路由器、网关等网络设备
网络路由芯片	主要聚焦路由功能; 对业务功能、大缓存、可编程性要求较高,对网络路由芯片自身的要求较弱; 大多采用运行至终结 (RTC) 架构	路由器等网络设备
网络处理器 (NP) 芯片	主要实现如包处理、协议分析、路由查找、声音与数据的汇聚、防火墙、QoS 等功能。	路由器等网络设备
网络接口 (NIC) 芯片	又称网络接口控制器芯片、网络适配器芯片、网卡芯片等; 主要实现将计算机、终端、嵌入式设备等接入计算机网络的功能	电脑、服务器、终端设备、嵌入式设备等
网络收发 (PHY) 芯片	主要实现物理信号的收发功能	各类网络设备、电脑、服务器、终端设备、嵌入式设备等
三态内容寻址存储器 (TCAM) 芯片	应用访问控制列表 (ACL) 实现路由查找等功能	路由器等网络设备

续表

芯片类型	简要描述	主要应用设备
光模块光芯片	包括光接收器件（ROSA，含光探测器芯片），主要实现光电转换；光发射器件（TOSA，含光激光器芯片），主要实现电光转换	光模块
光模块电芯片	主要实现激光器驱动 (LDD)、信号调制、数字信号处理（DSP）、功率控制、限幅放大 (LA)、跨阻放大 (TIA)、时钟和数据恢复 (CDR) 等功能	光模块

3. 数据通信网络芯片应用概况

数据通信网络芯片广泛应用于各类计算机系统与通信网络之中，具体见表 2。

表 2　数据通信网络芯片主要应用情况

设备类型	典型设备	应用的数据通信网络芯片
网络设备	交换机、路由器、网关、负载均衡器等	网络交换芯片、网络路由芯片、NP 芯片、PHY 芯片、光模块芯片等
网络设备	Modem、ONT、Wi-Fi 路由器、集线器等	网络交换芯片、PHY 芯片、光模块芯片等
计算设备	台式电脑、笔记本电脑、工作站等	网络接口芯片、PHY 芯片等
计算设备	服务器等	网络接口芯片、PHY 芯片、光模块芯片、PCIe 交换芯片等
存储设备	存储阵列、NAS 等	网络接口芯片、PHY 芯片、光模块芯片、PCIe 交换芯片等
安全设备	防火墙、IDS/IPS、分流器、数据监测器等	网络交换芯片、网络路由芯片、PHY 芯片、光模块芯片等
终端设备	打印机 / 复印机 / 扫描仪、投影仪、安防摄像头等	网络接口芯片、PHY 芯片等
嵌入式设备	汽车、飞机、船舶、武器装备等	网络接口芯片、PHY 芯片等

（二）市场规模：中国占据全球约 1/4 份额

按照应用设备进行大致测算，数据通信网络芯片的全球市场规模（见表 3）应超过 170 亿美元，中国市场规模应超过 40 亿美元。

表 3　数据通信网络芯片市场规模（按应用设备划分）

应用设备	测算假设	全球		中国	
		设备规模	芯片规模	设备规模	芯片规模
交换机	假设数据通信网络芯片在设备中的占比约为 15%	288 亿美元	43.2 亿美元	40.1 亿美元	6 亿美元
路由器	假设数据通信网络芯片在设备中的占比约为 15%	156 亿美元	23.4 亿美元	36.4 亿美元	5.5 亿美元
Wi-Fi 路由器	假设每台 Wi-Fi 路由器使用：1 颗 L2 交换芯片，单价约 2 美元；1 颗 4 口 1G PHY 芯片，单价约 3 美元	1.65 亿台	8.2 亿美元	6625 万台	3.3 亿美元
机顶盒	假设每台机顶盒使用：1 颗 L2 交换芯片，单价约 2 美元；1 颗 1 口 1G PHY 芯片，单价约 1 美元	7 亿台	21 亿美元	1.84 亿台	5.5 亿美元
Modem ONT	假设每台 Modem 使用：1 颗 L2 交换芯片，单价约 2 美元；1 颗 4 口 1G PHY 芯片，单价约 3 美元	3.82 亿台	19.1 亿美元	7100 万台	3.5 亿美元
台式电脑	假设每台台式电脑使用：1 颗 1G 网络接口芯片，单价约 1 美元；1 颗 1 口 1G PHY 芯片，单价约 1 美元	0.62 亿台	1.2 亿美元	2220 万台	0.4 亿美元

续表

应用设备	测算假设	全球		中国	
		设备规模	芯片规模	设备规模	芯片规模
笔记本电脑	假设每台笔记本电脑使用：1颗 1G 网络接口芯片，单价约 1 美元；1 颗 1 口 1G PHY 芯片，单价约 1 美元	2.35 亿台	4.7 亿美元	3543 万台	0.7 亿美元
服务器	假设数据通信网络芯片在服务器中的占比约为 5%	873 亿美元	43.6 亿美元	176 亿美元	8.8 亿美元
安防摄像头	假设每台安防摄像头使用：1颗 1G 网络接口芯片，单价约 1 美元；1 颗 1 口 1G PHY 芯片，单价约 1 美元	4 亿台	8 亿美元	1.67 亿台	3.3 亿美元

　　按照主要企业业务收入进行大致测算，数据通信网络芯片的全球市场规模（见表 4）应超过 120 亿美元，中国市场规模应超过 30 亿美元。

表 4　数据通信网络芯片市场规模（按主要企业业务收入划分）

企业名称	测算假设	全球		中国	
		整体收入	数通芯片收入	整体收入	数通芯片收入
Broadcom	粗略估计有线通信芯片占 20%~30%	332.03 亿美元	66.41 亿~99.61 亿美元	116.21 亿美元	23.24 亿~34.86 亿美元
Marvell	数据通信芯片约占 50%	59.20 亿美元	29.6 亿美元	24.86 亿美元	12.43 亿美元
Mellanox	数据通信网络芯片约占 16%	13.3 亿美元	2.16 亿美元	3.72 亿美元	0.6 亿美元

续表

企业名称	测算假设	全球		中国	
		整体收入	数通芯片收入	整体收入	数通芯片收入
Intel	部分产品为数据通信芯片，约占10%	相关收入为192.00亿美元	19.2亿美元	51.84亿美元	5.18亿美元
Microchip	部分产品为数据通信与互连芯片，约占10%；销往中国的约占21%	84.39亿美元	2.38亿美元	17.72亿美元	0.50亿美元
Realtek	粗略估计有线通信芯片占10%~20%；销往中国大陆的约占45%	1117.90亿新台币	111.79亿~223.58亿新台币	503.06亿新台币	50.31亿~100.61亿新台币
IC Plus	基本为数据通信芯片产品	13.03亿新台币	13.03亿新台币	8.54亿新台币	8.54亿新台币

（三）竞争格局：企业不多高集中，国内国外有差距

整体而言，数据通信网络芯片市场主要呈现如下特点。

1. 企业数量不多

国际企业以 Broadcom、Marvell、Realtek、Mellanox、Intel 等为主，国内企业以 NFW 公司、盛科网络、裕太微等为主（见表 5）。

2. 市场集中度较高

例如，Broadcom 在全系产品市场、Mellanox 在高端产品市场、Realtek 在低端产品市场等，各自拥有较高的市场占有率。

3.国际厂商占据主导地位

中国市场目前处于国际厂商几乎占据垄断地位的局面。

4.国内厂商实力有差距

国内企业与国际企业在产品、技术、品牌、客户、应用等方面均存在较大的差距，业务规模普遍不大。

表5　数据通信网络芯片市场格局

产品类型	国产化率	国际企业	中国企业	NFW 公司的位置（在中国企业中）
网络交换芯片	低	国际企业主导；Broadcom 占据绝对领先的地位；Marvell、Realtek 也占据重要地位；其他主要企业还有 Barefoot(Intel)、Fulcrum(Intel)、Innovium、Xsight、Nephos(MTK)、IC Plus 等	中国企业较少，有实际产品的企业更少，主要为 NFW 公司、盛科网络、物芯科技、雄立科技等少数企业	除了华为以外，NFW 公司与盛科网络为第一梯队，拥有最强的技术实力，NFW 公司的高端产品性能最强，并且产品线最广
网络接口芯片	低	国际企业主导；Broadcom 在通用产品领域占据领先地位；Mellanox(Nvidia) 在高端产品领域占据领先地位；其他主要企业还有 Intel、Realtek 等	中国企业较少，有实际产品的企业更少，主要有 NFW 公司、网迅科技等少数企业	NFW 公司拥有最强的技术实力，其高端产品性能最强

续表

产品类型	国产化率	国际企业	中国企业	NFW公司的位置（在中国企业中）
智能网络接口芯片	极低	国际企业垄断；Mellanox(Nvidia)占据领先地位；其他主要企业还有Cisco、Intel、Chelsio等	中国企业较少，有实际产品的企业更少，主要有NFW公司、芯启源、益思芯、豪微科技等少数企业	NFW公司在该领域拥有深厚的技术积累，当前研制进度较快
PHY芯片	较低	国际企业主导；主要企业为Broadcom、Marvell、Realtek、Vitesse(Microchip)、IC Plus等	中国有一定数量的企业，主要为NFW公司、盛科网络、裕太微、物芯科技、中电科32所、益昂通信、景略半导体等企业	NFW公司目前已有产品，在知名网络设备客户处进行积极导入
PCIe交换芯片	极低	国际企业垄断；主要企业为PLX(Broadcom)、IDT(Renesas)、Microsemi(Microchip)、ASMedia(Asus)等	中国企业极少，仅有NFW公司等少数企业	NFW公司的研制进度最快

注：自研芯片的网络设备企业主要包括Cisco、Juniper、Fujitsu、华为、中兴等，其产品主要供自己使用，不对外销售。此外，新华三与浪潮也有计划自研，但目前尚无产品。

（四）行业壁垒：需破解技术突破与市场开拓"两难"问题

1. 行业技术难度较大

第一，数据通信网络芯片需要兼具计算机通信网络、高性能芯片两方面技术能力；第二，以太网的协议体系复杂，需要支持较多的协议；第三，其中的核心技术，如高性能高速率数据处理、调度、高速接口等，技术难度较大；第四，芯片面积普遍较大、制造工艺普遍较先进；

第五，需要满足成本、面积、功耗等多个方面的要求。

2. 研发投入较大

第一，数据通信网络芯片普遍使用 40nm、28nm、14nm 甚至更先进的工艺，单个产品的研发费用（包含人力成本、后端设计服务、IP 采购等）较高；第二，产品的型号较多。例如，Broadcom、Marvell、Realtek 等每年的研发投入较大；盛科网络目前拥有 4 款交换芯片、3 款 PHY 芯片，累计投入超过 5 亿元；NFW 公司目前拥有近 10 款芯片，累计投入也至少达到 2 亿~3 亿元。

3. 客户导入难度较大

第一，数据通信网络芯片为数据通信网络设备最为主要的芯片之一，直接影响网络设备的性能技术、功能特性、成本体积功耗、应用场景等，重要性较高；第二，数据通信网络芯片直接影响网络设备的系统、软件与硬件等技术方案，客户需要投入较多的人力（数十人至上百人）、物力（数百万元至数千万元）、时间（以 Cisco 为例，同厂商芯片更换后的设备研制时间至少需要 1~2 年，不同厂商芯片更换后的设备研制时间更长）进行产品研发。因此，客户在选择芯片供应商时会非常谨慎，与芯片供应商容易形成较为紧密的合作关系，黏性较强，更换芯片供应商的难度较大。

4. 客户导入与出货周期较长

通常而言，产品测试验证与客户导入至少需要 3 个月以上；设备研制根据设备类型的不同，可能需要至少 6 个月到 2 年甚至更长，另外还有较长的测试与验证时间。

（五）发展机遇：国产替代需求推动国内厂商迅速成长

过去，网络通信的自主可控并未引起相关方面足够的重视，国内市场大量使用国际厂商的网络设备与网络芯片产品，国内芯片厂商的市场推广非常困难。

从 2013 年开始，我国对于网络通信与信息安全的重视度大幅提升，对于网络通信自主可控的要求也大幅增加。2016 年成立"信息技术应用创新工作委员会""安全可靠技术和产业联盟"，2019 年成立"安全可靠工作委员会"。我国不仅在党、政、军等体系推动网络通信自主可控，并且金融、能源、电信等体系也在推进各自的网络通信自主可控，在此背景下国产网络设备与网络芯片迅速发展。《"十四五"数字经济发展规划》提出，到 2025 年，中国数字经济核心产业增加值占 GDP 的比重达到 10%。

2022 年可谓"信创元年"。信创（信息技术应用创新）对中国计算机网络通信行业的影响是全面的，国家从技术、产业、治理、安全等方面提供了支持和保障，推进了中国网络通信行业的快速发展。信创一方面提出了一系列信息安全标准和技术要求，促进了信息安全技术和产品的研发与应用，推动了通信网络产业在信息安全技术方面的快速发展；另一方面，通过加强监管、制定法规、加强宣传等手段，提高了网络安全意识，促进了网络安全治理体系的建设和完善，加速了国产替代进程。数据安全不仅指"数据对象安全"，即侧重于存储／处理阶段对数据库、文件的防护，还强调"数据流动安全"，即数据由政企机构内部向外部流动，涉及多主体、多方面的安全诉求。实现数据流动安全的传统技术路线是数据持有方对数据进行脱敏、扰动或加密等操作后，分发给数据需求方进行集中式计算。为了实现更高的安全要求，在一个多方系统中，互不信任的各参与方可协同完成计算（如区块链），同时保证各自的数据安全性，但复杂任务的运算与通信量较大。这就对数据通信网络芯片通信带宽等性能指标的提升提出更大的市场需求。

国际政治环境的复杂化以及贸易摩擦的加剧，推动国产化替代需求大幅增加。我国目前数据通信网络芯片市场被国际厂商所占据，特别是 Broadcom、Intel、Marvell、Mellanox、Microchip、Innovium 等美国企业，国产化率非常低。我国主要的 IT 设备单位或已经进入了美国的实体清单，或未进入但在供应链安全方面也面临很大的挑战与风险，而这些单位对于数据通信网络芯片有较大的使用量。因此，出于供应链保障与安全角度考虑，国内客户对于网络芯片的国产化替代需求不断增加，也更加愿意给国内厂商提供机会。

二、投资过程：产业纵深推进中发掘"核心资产"

（一）项目来源：依托产业方网络获取优质项目

本项目主要是我司通过对与产业方合作的业务进行挖掘获悉，同时与通信产业地图进行匹配对照，确认 NFW 公司在交换芯片赛道的稀缺性、领先性，进而对项目进行跟踪、推进。

（二）项目概述：专注于网络互连芯片设计的系统级解决方案供应商

NFW 公司在高性能数据通信网络芯片领域拥有超过 15 年时间、超过 20 款产品的研制经验。公司主要从事数据通信网络芯片的研发、设计和销售，并提供网络通信、数据中心互连、智能物联网系统级解决方案。目前，在数据通信网络芯片产品方面，NFW 公司经过 5 年的发展积累，已经形成了包括网络交换芯片、网络接口芯片、互连芯片、物联网芯片等不同类型，高、中、低端等不同级别，以及专用与通用等不同类别的产品线序列，在专用市场已逐渐形成产品批量销售，在通用市场多个知名客户处进行产品验证与导入。公司拥有国内顶尖的正向设计研发能力，技术体系虽有短板但已属国内少有，未来也有计划进一步补齐短板。

（三）推进原因：NFW 公司具备"核心资产"属性

1. 团队技术实力突出，具备深厚的数据通信背景，公司发展路径清晰

NFW 公司的实际控制人在数据通信行业拥有近 30 年的行业经验，产业资源也较为丰富，在整体战略规划与外部资源合作方面给予公司较多的支持。NFW 公司的创始团队成员来自国内网络互连及相关芯片领域的顶尖研发机构，拥有国内顶尖的正向设计能力、研制成功率与技术创新能力，也拥有较好的批量应用能力与供应链合作关系。NFW 公司的技术骨

干大多来自行业内知名的芯片设计企业与计算机网络设备企业，拥有良好的工作背景与多年的工作经验，稳定性较好。

2. 产品技术打破垄断，居国内顶尖地位，独特性较强

在高端产品方面，NFW 公司的网络交换芯片支持 8T 吞吐率与 400G 网口，为国内目前性能最高、复杂度最大的产品；网络接口芯片支持 800G 吞吐率与 400G 网口，也为国内目前性能最高、唯一单端口达到 400G 速率的产品。在该类产品方面，NFW 公司打破了国际厂商的垄断，位居国内领先水平，接近国际先进水平，国内其他厂商与公司有较大的差距。在先进的智能网络接口芯片方面，其技术难度较大，NFW 公司延续核心团队在超算系统中网络卸载方面的技术积累，拥有国内少有的技术能力，当前研制进度较快，有望打破国际企业垄断。

3. 合作资源较好，国内其他厂商很难拥有类似条件

NFW 公司与国内一线产业方客户长期合作，拥有紧密的合作关系。一方面，NFW 公司通过与产业客户的合作可获得发展资金的支持与先进产品的研制机会；另一方面，NFW 公司可利用产业客户在网络互连芯片领域的顶尖研发力量，提升产品技术实力；另外，NFW 公司也可利用产业客户在芯片设计与验证方面的基础资源（投资较大），提升自己的产品研制效率。

（四）尽调发现：NFW 公司技术优势在国内突出

国内在前端设计、后端设计、验证仿真、数字技术、模拟技术、协议技术等全环节均具备较强技术能力的数据通信网络芯片厂商仅有华为，但其高速 SerDes 技术也自研了许多年，并且目前仍然主要使用 Broadcom(过去还有 GF) 的技术；中兴公司不确定，其高速 SerDes 技术也主要使用 Broadcom(过去还有 GF) 的技术；盛科网络的后端设计、SerDes 技术等也均为外采。NFW 公司核心技术团队通过在风云实业微电子事业部时期与 NFW 公司时期超过15 年的高性能网络芯片研制经验，已经逐渐积累起如下技术优势。

1. 正向设计能力强

核心技术团队过往研制的芯片产品及目前为通用市场研制的芯片产品均为自主正向研制。

2. 掌握大部分核心技术

经过多年的研发积累、与 C 客户及风云实业的合作，核心技术团队目前已经逐渐覆盖了计算机网络技术、协议技术、流水线技术、调度技术、高性能芯片架构设计与前端设计等技术体系，在后端设计、模拟技术、SerDes 技术、软件等方面虽然仍有短板，与 Broadcom、华为等头部企业也有显著差距，但在中国企业中已属少有。

3. 先进工艺经验丰富

从 0.11um 到 0.14nm，核心技术团队一直使用同时期较为先进的制程工艺。

4. 芯片研制成功率较高

核心技术团队过往主持或参与的 13 款芯片产品有 12 款均为一次流片成功 (full mask，部分产品虽有小问题，但可以通过小幅改动或者软件修正，不用重新流片)。创立 NFW 公司以来，核心技术团队研制的芯片产品大多也为一次流片成功，远超过业界平均水平 (30%)。

5. 规模化应用经验较为丰富

核心技术团队过去所研制的高性能网络芯片，已有数万颗应用到超算系统中，并且稳定运行时间也较长。

6. 在卸载技术领域的优势较为突出

网络功能卸载在超算系统中几乎为必备技术，核心技术团队在过往超算系统的研制过程中已经研发了 4~5 代 RDMA 技术，与中国其他企业相比具备明显的优势。

7. 小包突发技术领域的优势较为明显

NFW 公司目前可以做到 64Byte 下不丢包，而一些公司在 64Byte 下的丢包率约有 30%，需要到 130Byte 时才不丢包。

（五）项目落地：以强大产业赋能实力获取标的公司极大信赖

在积极跟进项目额度营销的过程中，我司发现，截至 2021 年 5 月，国内晶圆产能供不应求，NFW 公司受限于上游供应商厦门联芯晶圆产能无法满足其扩张的业务订单需求。

因此，我司以此为切入点，通过产业方资源切实帮助企业解决产能问题。在这个过程中，NFW 公司非常认可我司的诚意及产业赋能与服务实力，因此在多方争夺的情况下欣然接受我司的投资，项目最终实现落地。

三、投后进展：经营业绩快速增长带动 IPO 按计划推进

（一）经营情况

2022 年 1 月，我司完成对 NFW 公司项目的投资。投资完成后，NFW 公司逐渐打开商用市场，并先后进入多家国内一线通信终端企业，经营业绩快速增长，预计 2023 年营收较投资时点实现翻一番。

（二）融资及上市进展情况

2023 年公司启动新一轮 C 轮融资，投前估值预计实现翻一番，目前公司已启动 IPO 计划，预计于 2024 年、2025 年择机申报科创板。

四、总结思考：投前有见解，获客有门路

（一）明确标的筛选要求

1. 产品技术能力出众

以太网交换芯片的容量和数据传输速率是关键的技术指标，尤其对于高速数据传输和网络通信领域而言。现阶段国产厂商技术典型值为支持 2.4Tbps 交换容量，最高支持 200Gbps

以太网端口。

2. 企业在产业链中起平台作用

以太网交换芯片研发涉及多个参与者，如设备制造商、运营商、云服务提供商等。厂商需要深入了解行业的生态系统，通过面向网络设备商直接客户的技术迭代和实践论证，向最终客户收集一手需求、参与集采规范，并通过行业标准组织的深度参与和建言献策，实现产业闭环。

3. 利用产品长生命周期挖掘客户价值

客户在筛选芯片产品时往往投入高额软硬件开发成本并进行长时间验证，意味着客户需要进行巨大的资源投入。因此，客户一旦选择芯片产品，将围绕该产品长期投资、持续开发，应用生命周期长达 8~10 年，并希望厂商提供 PHY、Retimer 等配套芯片。此外，工业用以太网针对工业控制的特定需求，不仅需要满足通信实时性、网络安全性、本质安全与安全防爆技术等技术需求，而且要采用防水、防爆、抗振动、抗干扰等适合工业环境的措施，同时还需满足客户对于数据隐私保护的要求。

（二）链接产业资源是独门"暗器"

NFW 公司项目主要系我司与产业方合作过程中挖掘发现的优质项目。因此，从项目的搜寻、获取来看，合作的产业方无疑是一个重要的途径之一，尤其是在当前的硬科技股权投资时代，产业方更是凸显其发掘优质项目的先发优势。本项目的成功触达，给我们最大的感受是：作为金融持牌机构投资人，我们要与产业方交朋友，时刻保持对产业的关注与学习，同时积极获取最新的产业信息、投资标的。

（三）"抢夺"优质项目靠智慧

项目搜寻是第一步，项目落地才是最重要的一步。在本项目中，项目组坚持不懈地进行持续营销，深入企业，与企业家交朋友，同时在深入企业时能够及时发现企业的困难，发挥公司平台优势协助企业渡过难关，最终打动企业，顺利实现项目落地。

（建信北京通信组：邓锋、林棉鑫

建信信托研究部：杨兴）

CHIP

汽车芯片细分市场的
小巨人

　　2023 年是中国汽车行业发展具有标志性意义的一年，中国海关总署发布的数据显示，上半年中国汽车整车出口 234 万辆，同比增长 76.9%，汽车出口量超过日本，首次成为全球最大汽车出口国，全年汽车出口量可能突破 500 万辆，将大幅超越日、德、美等国。这是由于中国汽车行业率先向电动化、智能化转型，推动了一场来势汹涌的汽车革命，抢占了行业先机，中国从此开始由汽车大国向汽车强国迈进。

　　随着汽车行业朝电动化、智能化加速演进，汽车将从过去以机械部件为主的产品转变为以电子器件为基础的高科技终端，汽车的"含硅量"正在不断提升。汽车芯片需求高速增长，产生了芯片短缺导致汽车减产这一前所未有的现象，汽车行业数据预测公司估算近两年来全球由于"缺芯"而减产的汽车超过千万辆，预计未来数年内汽车芯片仍将处于供不应求状态，汽车电子行业迎来重大发展机遇期。中国自主汽车产业的崛起，将改变过去的全球汽车供应链格局，培育出一批国产汽车芯片供应商，这对投资人而言蕴含着众多投资机会。近年来，我司围绕汽车芯片领域投资了多个项目，在此分享我司近期参与的 IDX 公司项目，以此为切入点，窥探我国汽车芯片产业发展态势及优质汽车芯片公司发展模式。

一、投资背景：汽车电子蓬勃发展下国产芯片扬帆起航

（一）电动化浪潮下汽车电子需求高速成长

近年来，我国汽车行业整体发展增速逐渐放缓，汽车市场总体趋于饱和，2022 年我国汽车产销分别完成 2702.1 万辆和 2686.4 万辆，同比增长 3.4% 和 2.1%，但电动化、智能化趋势正冲击着传统的汽车产业链，成为行业革新和中国弯道超车的核心突破点。

2022 年我国新能源汽车全年产销迈上一个新台阶，分别达到 705.8 万辆和 688.7 万辆，同比分别增长 96.9% 和 93.4%，渗透率达到 25.6%，提前完成《新能源汽车产业发展规划（2021~2035 年）》中设置的 2025 年阶段性目标（20%），率先进入规模扩张的爆发期和全面市场化的拓展期。

汽车已从简单的交通工具逐渐向智能终端转变，芯片使用量越来越多，半导体含量越来越高，带动汽车电子部件价值量占比从 20 世纪 70 年代的 5% 快速增长至 2020 年的 30%，未来车载电子部件价值量占比有望达到 50% 以上。当前单车平均搭载芯片价值超过 600 美元，以车载 MCU（Microcontroller Unit，微控制器）为例，目前主流车型单车 MCU 使用量少则 50 颗，多则 100 颗以上。随着汽车智能化水平的提升，单车芯片价值量还会持续提升。

汽车电子按照功能大致可以分为计算与控制芯片、通信与接口芯片、功率半导体、存储芯片、传感器芯片五大类。其中计算与控制芯片主要包含主控芯片及车规 MCU，实现了从动力系统控制、底盘控制、安全系统控制、自动驾驶等事关行车安全的核心部件控制，到娱乐系统、风扇、空调、雨刷、车窗升降等非核心部件的控制。MCU 是汽车芯片中门槛最高、价值量最大的芯片种类（见图 1）。

图 1　汽车电子分类

　　MCU 是把 CPU 的频率与规格做适当缩减，并将内存 (Memory)、计数器 (Timer)、USB、A/D 转换、UART、PLC、DMA 等周边接口，甚至 LCD 驱动电路整合在单一芯片上，形成芯片级计算机，从而实现终端控制的功能。诸如手机、PC 外围、遥控器，以及汽车控制器、工业上的步进马达、机器手臂的控制器等，都可见到 MCU 的身影。

　　汽车 MCU 按单次运算处理的字节长度，可分为 8 位、16 位、32 位 MCU，位数越多结构越复杂，处理能力越强。8 位 MCU 主要实现低端控制功能，包括风扇、空调、雨刷、天窗、车窗、低端仪表盘、集线盒、座椅、门的控制。16 位 MCU 主要实现中端控制功能，用于动力系统，如引擎控制、齿轮与离合器控制和电子式涡轮系统控制等；用于底盘，如悬吊系统、电子式动力方向盘、扭力分散控制和电子泵、电子刹车等。32 位 MCU 主要实现高端控制功能，在实现自动驾驶功能中扮演重要角色，如仪表盘、车身、多媒体信息系统、引擎控制，以及用于新兴的智能性和实时性安全系统及动力系统。

　　根据行业统计数据，2021 年全球汽车 MCU 销售额约为 76 亿美元，相比 2020 年增长 23%，其中超 3/4 的汽车 MCU 销售额来自 32 位 MCU，约为 58 亿美元。预计全球汽车 MCU 销售额在 2022 年和 2023 年分别有 14% 和 16% 的增长率，到 2023 年将达到约 100 亿美元的规模。近年来，中国车载芯片 MCU 市场规模也一直保持稳定增长。随着中国新能源汽车渗透率的不断提高，其背后的汽车电动化、智能化和网联化进程也不断加速，车载芯片市场在未来将持续高速发展。2021 年中国车载芯片 MCU 市场规模达 30.01 亿美元，同比增长 13.59%，预计 2025 年市场规模将达 42.74 亿美元。

（二）车规芯片高门槛与国产芯片低渗透的尴尬现实

MCU 根据不同指标分为消费级 MCU、工业级 MCU 和车规级 MCU（见表 1），不同 MCU 的良品率要求各异。其中消费级 MCU 注重功耗和成本，工业级 MCU 注重平衡性能、功耗、成本和可靠性，车规级 MCU 则注重安全和可靠。从消费到工业再到车规领域，对 MCU 自身的要求愈发严格，产线也越来越高端，这是汽车 MCU 门槛最高的重要原因。

表 1　不同等级 MCU 指标要求

参数	消费级	工业级	车规级
温度	0℃~70℃	-40℃~85℃	-40℃~150℃ 发动机舱：-40℃~150℃ 车身控制：-40℃~125℃
湿度	低	根据环境而定	0~100%
寿命	3~5 年	5~10 年	≥ 15 年
交付良率	≤ 200DPPM	≤ 10DPPM	≤ 1DPPM
验证标准	JESD47	JESD47	安全性认证：ISO 26262 可靠性认证：AEC-Q 系列 品质管理系统认证：IATF 16949

资料来源：根据公开资料整理。

车规级芯片具有三大认证门槛，认证时间长、进入难度大。车规级芯片企业在进入整车厂的供应链体系前，一般需符合三大车规标准和规范：设计阶段要遵循的功能安全标准 ISO26262，流片和封装阶段要遵循的 AEC-Q001~Q004 以及 IATF16949，认证测试阶段要遵循的 AEC-Q100~Q104。其中，AEC-Q100 分为四个可靠性等级，从低到高分别为 3、2、1、0；ISO26262 定义的 ASIL 有四个安全等级，从低到高分别为 A、B、C、D；AEC-Q100 系列认证一般至少需要 1~2 年的时间，而 ISO26262 的认证难度更高、周期更长。芯片上车的测试成本高、周期长，一经认证一般都会持续供货十年以上，对于新进入该领域的芯片厂商而言，有时上车测试都要历经数年的排队，如果不是因为本次缺芯潮，国产厂商要进入车企供应链非常困难。

目前，我国汽车芯片自给率不足 10%、国产化率仅为 5%，供给高度依赖国外。全球车规 MCU 市场集中度高，2021 年全球车规 MCU 市场份额中占比最多的是恩智浦，达 14%，其次分别为英飞凌、瑞萨电子、意法半导体、德州仪器、博世等欧美芯片巨头（见图 2）。

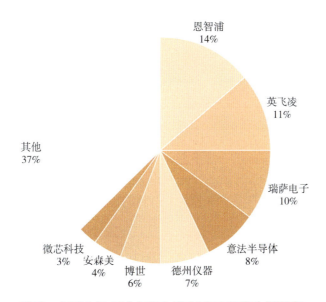

图 2　2021 年全球主要车规 MCU 厂商市场份额

资料来源：英飞凌年报。

全球车规 MCU 市场集中度高，一直被海外巨头所垄断，国内汽车产业链及半导体产业链的滞后发展导致车规 MCU 的国产化率极低。随着国内汽车产业的突破升级，以及半导体产业链的自主可控快速发展，国产车规 MCU 厂商一定会在国际厂商垄断的汽车市场撕开一道口子，改变国产芯片低渗透率的尴尬现实。目前中国从事车规 MCU 研发的上市公司和非上市公司情况见表 2、表 3。

表 2　中国主要从事车规 MCU 研发的上市公司

公司	产品应用	产品定位	产品位数	采用内核	首款量产 / 发布时间
兆易创新	车身节点控制	低端	32 位	ARM RISC-V	2022 年 9 月
中颖电子	车窗控制	低端	8 位、32 位	—	2022 年 10 月流片
芯海科技	压力测量，如座椅压力等	低端	8 位、32 位	ARM	2021 年通过车规认证
比亚迪半导体	车窗、电动座椅等节点控制	低端	8 位、32 位	8051/ARM	2018 年：8 位 2019 年：32 位
四维图新（杰发科技）	ABS、BMS 等核心功能以及车身控制单元	中高端	32 位	ARM	2018 年 12 月
国芯科技	汽车电子车身及网关控制、发动机控制	中高端	32 位	自研 PowerPC	2022 年内测
复旦微电	门窗、车灯等控制	低端	32 位	ARM	2021 年 12 月
纳思达	车载影音系统、车载导航、车载中控、BMS 电池管理系统、智能座舱、ADAS	中高端	32 位	ARM	2022 年通过 AEC-Q100

表 3　中国主要从事车规 MCU 研发的非上市公司

公司	产品应用	产品定位	产品位数	采用内核	首款量产 / 发布时间
旗芯微	车身控制、BMS、电机控制	中高端	32 位	ARM	2022 年 4 月
紫光芯能	VCU、BMS	中高端	32 位	—	2022 年 7 月
芯驰科技	线控底盘、VCU、BMS、ADAS、车身	中高端	—	ARM	2022 年 4 月
芯旺微	仪表盘、雨刷、车窗等	低端	8 位、32 位	自研 KungFu 内核	2019 年 8 月
琪埔维	车身控制、空调控制、电机控制	低端	32 位	ARM	2019 年
小华半导体	车身控制、车身安全、影音互动、动力控制	中高端	32 位	ARM	2021 年
赛腾微电子	LED 灯、无线充电器	低端	8 位、32 位	8051/ARM	2019 年 7 月
云途半导体	车身、底盘、ADAS 等均涉及	中高端	32 位	ARM	2021 年

（三）"缺芯潮"持续发酵为国产替代创造机会

车规 MCU 乃至车规芯片的竞争格局在 2020 年以前一直比较稳定，但 2020 年下半年开始的"缺芯潮"为车规市场的竞争格局打开了一丝裂缝。

2020 年上半年，下游汽车行业受疫情影响销量收缩，汽车厂和 Tier 1（汽车一级供应商）甚至出现砍单行为，芯片厂商和代工厂商相应压低库存或转向消费电子等中低端 MCU。时间进入 2020 年下半年后，中国疫情迅速得到控制，新能源汽车销售快速恢复，下游厂商进入备货状态，而芯片厂商的已有部分产能转向受疫情居家办公需求带动快速爆发的消费电子市场，新增晶圆代工订单的交货周期一般至少 1~2 个季度，车规芯片的存货和产能结构均未相应跟上，从而使得车规芯片市场发生"缺芯"现象。

"缺芯"的影响是巨大的。首先，它压制了汽车行业的复苏。2021 年，全球汽车销量仅微升 3%，主要受制于芯片短缺。根据 Auto Forecast Solutions 公司统计数据，2021 年由于芯片短缺造成的全球汽车减产量约 1020 万辆，其中中国减产约 200 万辆。自 2021 年第 3 季度起，芯片短缺问题有所缓解，但市场供给直到 2022 年仍十分紧张，全球主要 MCU 厂商交期超过 50 周，较 2019 年延长 2~3 倍。其次，一定程度上改变了芯片厂商的原有竞争格局，为国产替代创造了绝好机会，主要体现在如下三个方面。第一，国外厂商以 IDM（Integrated Design and Manufacture，垂直整合制造）模式为主，85% 的 MCU 产能集中在 IDM 模式的厂商手中，在出现产能紧缺时，自有可控产能可能优先供给国外；而国内厂商基本为设计企业，在代工厂有一定的产能份额，因此全球产能紧缺利好有一定代工厂产能的国内厂商（以及国内的 IDM 模式），其有机会与龙头企业自有产能出现不足的产品抢占市场份额，而一旦进入之后在中短期内一般可以持续供货。第二，MCU 制程主要为 40nm 以上以及部分 28nm 的成熟制程，国内代工厂如华虹等也具备制造能力，一定程度上利好国内 MCU 厂商，其能获得更多产能。第三，尽管由此衍生出的窗口期只能允许一家 MCU 厂商切入有限的下游厂商供应链（国产 MCU 厂商的产能限制其覆盖更多的车厂），但对其品牌效应的积累构成一个突破口。

尽管有"缺芯潮"这样一个千载难逢的绝好机会，但供需关系的失衡未来总会修复，产能扩张周期为 1.5~2 年，能否抓住机会窗口期，在供应链重新恢复平衡前从国际巨头口中抢下一块肉，关键还是由企业本身技术研发能力、产品定义能力等综合实力决定。

如前所述，车规 MCU 以往的竞争格局比较稳定，上车验证周期长，国产厂商渗透率低，"缺芯潮"为国产 MCU 的突围创造了绝佳机会。具体到投资上，在 2021 年至 2022 年上半年，MCU 领域投融资事件共 24 起，仅 2021 年一年的融资事件就达到 15 起，与 2015 年到 2020 年六年的融资事件总和持平。国内涌现了一批车规 MCU 供应商，许多以往不做 MCU 车规芯片的企业，也新推出了车规 MCU 产品线，如杰发科技、比亚迪半导体、芯驰科技、旗芯微、紫光芯能、航顺、芯钛等。一些曾经专注于消费级、工业级 MCU 的公司，也借此机会纷纷尝试开发车规级产品。

由于不同等级的车规产品研发难度、验证难度不一，从收音机、氛围灯、车窗升降控制，到底盘、刹车、发动机控制等，这些不同场景下的安全性要求依次从低到高排列，它不像消费类、通信类芯片可以一款通用芯片打天下，由于客户需求不同，不会存在高度规范化的产品，其中的差异可能意味着几乎完全不同的细分赛道，也就造成了行业最终将呈现百家争鸣的状态。国产供应商通常是从相对低端的使用场景入手，先快速打入市场拿到车厂的定点，站稳脚跟后再谋求高端化发展，而合适的场景选择也决定了一家创业公司的发展路径和最终的生态位置。

（四）小芯片大场景的车灯芯片市场空间巨大

在汽车芯片细分领域中，车载照明控制芯片是一个庞大又往往被人忽视的市场。一辆汽车通常会配置 2 个前大灯，2 个后组合灯，10~15 个小灯（含雾灯、阅读灯等）。前大灯和后组合灯均有卤素、氙气和 LED 三种配置，车灯系统的单车价值量经测算在 1000~5000 元。车灯单车价值量仅次于发动机和变速箱系统，行业空间广阔。

1. 氛围灯市场

氛围灯是智能座舱的重要组成部分，从原来的阅读灯、照明灯发展到与驾驶员信息交互、营造座舱氛围、自动调节颜色及亮度等功能。随着消费习惯的改变，汽车内饰成为影响消费者购置汽车的重要因素。

一方面，车内灯可以充分彰显个性。车内灯可以根据不同情景的需求提供不同的情景灯光模式，创造个性化需求的氛围。以奥迪 Q5L 为例，其配置了 32 种色调的氛围灯并支持 10 级亮度调节，用户可以个性化调节车内氛围灯。另一方面，车内灯可以满足特殊的功能需求，如在开门警示方面，长城哈弗 H6 Coupe 利用车内灯可变色的特征，在检测到后方来车时，开门标志显示红色，从而提高安全性；在环境温度监测方面，沃尔沃 XC40 可以根据车内环境温度来改变灯光的颜色，未来或将延伸至车外环境温度；在音乐律动方面，长安 CS85 Coupe 的 64 色氛围灯可随音乐律动而变换，加强了人车之间的互动。随着辅助驾驶和自动驾驶技术的发展，人们在车内将拥有更多的自主活动时间和空间，车内灯可以营造不同的环境以满足乘客多样化的体验需求。

2022 年，汽车氛围灯渗透率为 30%，且氛围灯在上市新车型中的占比超过 60%。未来 5~10 年，内饰氛围灯的渗透率将伴随消费者对智能座舱体验的需求升级而迅速成长至 50% 及以上。

分价格区间看，氛围灯从高价位车型向下渗透。30 万元以上车型搭载率接近 80%，15~30 万元车型搭载率超过 50%，而 15 万元以下车型搭载率较低，为 10% 左右。例如，厂商指导价为 12.3 万元的大众宝来手动舒适型车，14.8 万元的领克 03Pro 版车都配备了单色车内氛围灯，15.5 万元的长安 CS75 Plus 旗舰型车更是配备了 64 色可调氛围灯。高端车型氛围灯则进一步升级，开始出现类似星空顶等更加复杂的氛围灯调节方式。以蔚来、理想为代表的造车新势力实现 100% 氛围灯装配。2021 年 12 月带氛围灯的上市新车型见表 4。

表 4　2021 年 12 月带氛围灯的上市新车型

价格区间	车型
10 万元以下	瑞虎 7、易至 EV3、嘉远 KOMI
10 万~15 万元	哈弗 H6、哈弗赤兔、哈弗神兽、传祺 M6、吉利 ICON、MG ONE、豪越 L、奔腾 B70、北京 X7、思皓 X8
15 万~20 万元	比亚迪·宋 Pro、荣威 RX5、瑞风 L5、轩逸、北京 EU7、拿铁 DHT、零跑 C11、威狮 1949
20 万~30 万元	凯迪拉克 XT4、凯迪拉克 CT4、迈腾 GTE、传祺 M8、传祺 GS8、红旗 HS5、迈锐宝 XL、风行 M7
30 万元以上	奥迪 RS6、奥迪 Q5L、奥迪 A4L、奔驰 EQS、奔驰 CLS、奔驰 AMG、蔚来 ET5、上汽大通 MAXUS V90、揽胜星脉

资料来源：汽车之家。

2. 车前灯市场

随着照明技术的发展，汽车前灯也经历了多次迭代，从卤素灯、氙气灯发展到目前的 LED 灯，其中 LED 灯与卤素灯和氙气灯相比，具有高光效、低能耗、高可靠性、长寿命、小尺寸及环保等优势，在汽车照明中的应用日渐增多，已经从最初的座舱内照明、停车灯及仪表板背光，发展到了前照灯及组合尾灯等更重要部位的应用。

在智能化驱动下，大灯未来从普通 LED 大灯向矩阵式 LED 大灯转变是一个确定的趋势。普通 LED 车灯的功能性比较单一，只有简单的远光和近光功能，智能化程度不能适应复杂路况的需求。因此，前车大灯衍化出新的智能化自适应矩阵式 LED 系统，可通过智能控制系统对多个照明分区实现精准控制，从而实现大灯的自动开闭、自动切换远近光灯、改变照明的角度和范围。矩阵式 LED 具体细分功能包括 AFS（自适应前照灯）和 ADB（自适应远光灯）。

AFS 又称随动转向大灯，在车辆行驶至弯道时可通过智能控制系统自动调节车灯偏转以照亮弯道转向区域，保证转向时驾驶员有足够的视野空间，而非直线照射正前方。ADB 的主要功能是通过自动调整远近光灯、光照区域防止对面来车及行人出现炫目现象，提升夜间会车安全性以及保护行人。ADB 技术通过车载摄像头采集图像并将图像信号输入，系统可判断前方来车的位置与距离，并将指令发送到前车灯系统，将其转换为在 LED 矩阵上开启和关闭的动作。自适应灯光调节等功能升级推动了汽车安全照明以及汽车智能照明，是智能辅助驾驶的重要前提，也因此增加了对车载控制器及芯片的需求。

分价格区间看，30 万元以上车型均提供 AFS、ADB 功能，20 万元以下车型也在逐渐渗透，ADB 智能车灯开始向下渗透进入中低端车型，如长城哈弗 H6、一汽丰田卡罗拉、长安 CS75Plus、奇瑞瑞虎 8 等。

3. 后车灯市场

后组合灯包括转向灯、刹车灯、后雾灯、倒车灯等，光源从卤素灯发展到 LED 灯再到最新的 OLED 灯，形态从分离式向贯穿式升级。从各车企的选择路线来看，市面上主流车企的新车大多开始使用 LED 灯作为尾灯光源，奥迪在全新 A8 上开始使用贯穿式尾灯及 OLED 组合灯。未来后车灯也将包含更多个性化设计，根据个人喜好定制。

根据相关行业调研数据，2021 年尾灯 LED 渗透率为 32%，预计 2025 年将达到 50%。单车价格方面，以 IDX 公司产品为例，尾车灯驱动 IC 数从 4~6 颗增加到 14 颗，价值量从 50 元升到 168 元。表 5 为典型车型车尾灯芯片情况。

4. 汽车照明控制芯片总体市场规模

随着汽车向"新四化"发展，车灯领域也随之蓬勃发展，比如智能头灯、贯穿式尾灯、灯语、氛围灯等拉动了汽车照明控制芯片市场的增长。2020 年，全球汽车照明控制芯片市场规模大约为 30.1 亿美元，预计 2025 年将达到 50 亿美元，年复合增长率达到 10.7%；2020 年中国汽车照明驱动芯片市场规模大约为 65 亿元，预计 2025 年突破 120 亿元，年复合增长率为 13.0%。汽车照明控制芯片市场空间广阔，增长态势良好，从中将产生一批优秀的芯片企业。

表 5　典型车型车尾灯芯片情况

品牌	蔚来	零跑	大众	华为	长安	红旗
车型	ET7	C11	帕萨特	问界 M5	阿维塔 11	H9
售价	42.8 万元起	15.58 万元起	15.49 万元起	25.98 万元起	30 万元起	32.98 万元起
灯珠数量（颗）	180	100	86	180	120	120
芯片数量（颗）	10	11	6	18	12	10
单车价值量（元）	200	220	120	360	240	200

资料来源：根据公开资料整理测算。

二、投资过程：从下游客户寻根溯源找到优质标的

（一）初识标的：技术领先，客户优质

我司自开展股权投资业务以来，持续聚焦各大战略新兴行业，并以行业研究和产业链地图先行，深度挖掘细分行业上下游的优质投资标的。智能汽车领域一直是我司高度关注的重要方向，在"缺芯潮"之后，我们认为国产汽车芯片企业将加速成长，投资窗口值得我们把握，近年来投资布局了一批汽车芯片企业。在车规 MCU 细分领域，经过行业调研，从整车厂了解供应链信息，并综合分析我司汽车产业合作方的产品验证情况后，我们筛选出 IDX 公司这一投资标的，其优势如下。

1. 团队一流，研发先行

IDX 公司成立于 2017 年，主要从事车规芯片等数模混合芯片的设计研发，在高端芯片设计领域具有强大的技术能力，是国内较为稀缺的在多个不同下游应用场景出货量均位居前列的芯片设计公司。

IDX 公司团队基本来自国际一线大厂，几位创始人均具有近 20 年的半导体产业经历，历经芯片下游应用场景的多次更迭和半导体多轮周期的起伏，在技术积累较为深厚的同时，对市场趋势和产品定位有着自身独到的判断和理解。公司第一大股东是某海外上市公司，总部位于美国加利福尼亚州，是一家领先的汽车零部件和软件供应商，核心产品包括车载操作系统芯片、车联网芯片、汽车自动驾驶传感器芯片等，这为 IDX 公司产品进入汽车市场提供了有力的支持。

IDX 公司目前有三大产品路线，分别围绕汽车照明、马达驱动、传感器推出了多个系列的产品。在该项目推进时，IDX 公司有 3 个车规产品系列在售：氛围灯芯片 Re 系列、氛围灯及尾灯芯片 Ru 系列和氛围灯及微马达芯片 RP 系列。在研产品预计 2023 年陆续实现量产，主要应用场景包括 ADAS 及自动驾驶、无线充电、车联网、车载操作系统及车载娱乐、车载照明等。产品类型包括各类车载 MCU、高集成度专用系统级芯片 SoC、系统级封装芯片 SiP 等。

公司擅长基于 BCD（Bipolar-CMOS-DMOS）工艺的 SoC 芯片设计，体现了公司较强的技术实力。BCD 工艺由意法半导体在 1986 年率先研制，是一种将 Bipolar、CMOS、DMOS 集成在同一芯片上的单片集成技术。Bipolar 可制备高精度器件，CMOS 具有高集成特性，DMOS 作为功率输出极具有高效率、高强度、高耐压等优点，而 BCD 能够有效集成三者优势，为模拟产品定制化需求提供制备技术基础。整合后的 BCD 能够大幅降低功耗，提高系统性能，降低成本，增加芯片的可靠性。BCD 芯片设计需要较多的工艺积累，有一定的门槛。大多数 MCU 厂家会采用比较通用的 IP，通过分立方式将高压部分（PMU 和车规收发器）与低压 MCU 分离，低压部分没有高压部分的技术门槛高，但提升了系统的复杂度，降低了可靠性。而公司深度了解车厂的需求，创新性地采用 BCD 工艺将各应用集成在一块芯片上，定制化地开发 SoC 产品，具有极佳的抗高压、高强度等性能。

2. 大厂认可，营收放量

近年来，在国际制裁背景下芯片的自主可控逻辑越来越明确，只是由于汽车芯片的壁垒高、验证周期长，国产芯片迟迟没有较大突破，而"缺芯潮"为主机厂选择国产芯片提供了一个绝佳的时机。

IDX 公司作为一家技术实力较强的模拟芯片设计公司，切入汽车芯片市场是其发展壮大过程中的必经之路，早在此次"缺芯潮"之前的 2019 年，IDX 公司就实现了首款车规芯片的量产商用，正式进入汽车市场。经过数年的发展，目前 IDX 公司在汽车前装市场中已批量销售给三大合资品牌：福特、通用、大众，并与全球排名前十中的七家车企成功建立业务合作，中国本土市值排名前十的汽车厂商已经全部导入，超过 80 家 Tier1 有产品出货。IDX 公司产品已实现快速放量，在中国车规主动芯片企业中定点车型数居第一位，在头部汽车厂商中的广泛覆盖证明了其具有较高的产品实力。

（二）尽调发现：紧跟市场，全面发展

项目团队初步接触 IDX 公司后，认为 IDX 公司是一家典型的海外大厂团队回国创业芯片设计企业，此类企业往往技术水平较高，早期产品能快速导入市场，但在后续市场的开拓方面可能有所欠缺，产品难以找到准确的定位。然而在项目团队对 IDX 公司进行深入了解后发现，其产品定位能力和市场认知能力均属一流，主要表现如下。

1. 抓住车灯增量市场窗口

在我司联合长安汽车发掘该项目时，IDX 车规产品已经开始放量，并在多家国内车企的

多款车型定点，这主要得益于 IDX 公司能够迅速抓住下游需求的迫切点。在创业之初，IDX 公司处于上一轮半导体周期的下行期，为磨合团队，培养正向循环能力，IDX 公司选择先切入导入周期相对较短的医疗器械芯片市场试水，同时布局门槛高、导入周期长的车规芯片研发。在吃透医疗器械芯片的细分消费市场后，公司致力于寻找一个车企容易接受、更新换代需求较为强烈的细分领域作为敲门砖打开市场。由于照明能体现汽车的个性化设计，安全等级要求相对较低，是车企的新增需求，IDX 公司较早关注这一领域，以其中新增需求量最大的氛围灯为切入点进入市场。

氛围灯作为一个增量市场，奔驰最新款车型氛围灯有 22~24 个，国内车企使用氛围灯的数量也越来越多，国内某头部车企 10 万 ~20 万元价位的主流车型可能会有十几个氛围灯，而国外该细分市场的供应商正受到缺芯的困扰优先保供其大客户，国内这一块的需求并没有被市场优先、快速满足。IDX 公司快速发掘这一机会，迅速配合车厂将其相关储备产品验证导入，填补了这一需求缺口，因而获得了超过国内其他供应商的发展速度。

IDX 公司大股东主要产品供货于世界级 Tier1 供应商及 OEM 厂商，终端用户包括德尔福、通用、福特、菲亚特及特斯拉等，IDX 公司创始人在创业前也长期在汽车芯片领域工作，这也是 IDX 公司能够迅速发现可快速落地的车规芯片场景的原因之一。

2. 创造性设计提升性价比

汽车终端市场已经进入存量博弈阶段，整车厂近几年疯狂堆料本质上是需求放缓、供给过剩大背景下的无奈之举，车上各项新功能的推出都面临着难题，一方面是必须紧跟市场动向，人无我有、人有我优，另一方面又有降低成本的压力，这种压力会逐级传导至上游芯片供应商。因此，能够提供低成本解决方案的供应商会非常受到车厂的青睐。

IDX 公司创造性地采用了"五合一"集成专用芯片技术，产品主打混合信号专用芯片，一块芯片集成了 MCU、驱动、LIN PHY、电源管理 LDC 和 DC/DC、信号链五种 IP，是国内有且仅有的一家。在做车规芯片的企业产品只能满足一种功能的背景下，IDX 公司的高集成度芯片产品不仅在技术上大幅提高了壁垒，将五种不同功能集成到了一块芯片上，提供了更加集成化、更低成本的照明驱动芯片方案，还为下游客户大幅度节约了成本，实现了降本增效，因此快速敲开了众多主机厂的大门。

3. 多元化发展以行稳致远

IDX 公司从消费领域的专用 MCU 开始，2020 年进入车内灯市场，基于自身强大的技术研发实力持续进行新产品研发。公司在车规芯片的产品开发中秉持不能被域控制器集成、符合车规 BCD 工艺、应用经验长期积累三个原则，充分发挥自身的技术优势。在汽车照明方向上，公司继续完善其产品体系，从氛围灯向车尾灯、矩阵大灯领域延伸。在汽车照明领域外，IDX 公司还在向微马达和汽车底盘等不同产品线扩展。公司计划拓展底盘控制域的驱动芯片，如主动悬挂控制 ASS、ESP/ABS/EPB(线控刹车)、EPS(线控转向) 等，进一步扩充在汽车不同细分领域的产品组合，提升竞争力。在接触项目时，IDX 公司马达驱动专用芯片正在流片中，触摸屏控制驱动芯片预计在 2024 年开始量产。

IDX 公司正稳步随着传统模拟芯片设计企业成长的路径，立足汽车照明芯片基本盘不断研发新品类，向芯片整体解决方案提供商方向发展，拓展自己的市场规模和成长空间。

（三）项目落地：龙头引领，双轮驱动

车规芯片验证壁垒高，寻找愿意提供导入验证机会的下游车厂并非易事，汽车芯片企业乐于接受产业投资者的投资，纯财务投资人在火热的汽车芯片赛道并不占优势。我司基于建行集团与产业龙头的长期合作关系，积极与产业方合作进行产业链投资，在汽车领域与长安汽车建立了紧密的合作关系。我司与长安汽车合作设立产业基金，聚焦新能源、智能网联以及汽车后市场等汽车产业链成长期及成熟期项目投资，丰富和完善长安汽车生态圈。在我司与长安汽

车团队的通力合作下，已投资十余家汽车产业链企业，包含多家汽车芯片企业，初步建立了我司在汽车产业链的投资布局。

我司于 2022 年通过与长安汽车合作基金投资 IDX 公司，借助我司产业方合作伙伴对行业的专业判断，进一步验证了业务推进过程中项目团队的投资逻辑。引入长安汽车的投资后，IDX 公司数款芯片将进入长安新款车型上车验证，新产品导入进度加快。

（四）投后进展：新产品认证顺利，技术水平持续提升

我司投资后，IDX 公司在多家国内主机厂获得了订单，营收有了快速增长，2022 年营收同比增长超过 100%，2023 年上半年营收同比增长超过 200%。同时，IDX 公司的新产品开始在主机厂放量，多元化产品布局逐步落地。公司的积极努力得到了下游客户和同行业的高度认可，荣获奇瑞汽车 2022 年度"协同创新特别贡献奖"、盖世汽车 2023 年车规级控制类芯片优秀供应商称号。IDX 公司产品顺利通过产品验证，已获得我司合作产业方长安汽车数款车型 LED 驱动芯片定点，并进一步与长安汽车达成战略合作框架协议，未来将联合研发更多车规芯片。

在研发平台实力方面，2023 年 2 月 28 日，国际公认的检验、测试和认证机构 SGS 向 IDX 公司正式颁发了基于车规级功能安全标准 ISO 26262:2018 ASIL-D 流程认证证书，这标志着 IDX 公司已经按照 ISO 26262:2018 的要求，建立起符合功能安全最高等级 ASIL-D 级别的产品开发流程体系，达到国际先进水平，这也代表着 IDX 公司能够继续向功能安全要求更高的细分领域奋进。

三、总结思考：围绕链主企业服务中国汽车走向世界

近年来，中央多次强调要加快建设以实体经济为支撑的现代化产业体系，加强产业链的转型升级、培育创新是确保我国经济实现高质量发展的关键。建行集团落实党中央、国务院战

略部署，推出了多项措施强化对产业链上优质客户的服务支持，紧抓金融行业的资金链价值属性和与"链主"龙头企业的合作场景，与我国各条产业链链主企业保持了紧密的合作关系，实现了金融服务供给与产业链现代化需求的精准匹配。

回到本案例上，IDX 公司项目的成功落地是我司与长期合作的产业伙伴长安汽车共同努力的结果。汽车产业链门槛高、技术密集，普通的财务投资人由于信息缺乏等原因难以判断标的企业的技术水平和产品定义能力，而有了长安汽车这样的头部车企做伙伴，它可以帮助我们在专业领域做判断，我司作为国有大行旗下的投资机构，则可以为汽车产业链上各家优质企业提供综合金融服务，充分发挥财投与产投各自的优势。长安汽车是中国汽车产业链重要的链主单位，未来我们将进一步深化与这样的链主单位的合作关系，沿着产业链做投资。

汽车电动化、智能化的浪潮改变了全球汽车产业链历经百年发展趋于稳固的格局，为中国汽车产业发展带来了新的机遇。中国汽车首次站在了世界前沿，中国自主品牌车的崛起一定会带动本土零部件供应链崛起。未来汽车智能化仍将持续演进，我们坚定看好汽车智能化产业链的中长期投资价值，我们将持续在这一领域联合链主企业进行布局，为中国汽车领跑全球的宏伟蓝图添砖加瓦。

（建信北京电子 / 计算机 1 组：崔晔、刘平
建信北京投资洞察部：廖临谷）

2022年10月7日，美国商务部工业和安全局公布了针对中国新修订的《出口管理条例》，以国家安全为由，升级了对中国半导体产业的制裁，生产制造先进逻辑和存储芯片的半导体设备遭到禁运。而早在2019年，在美国政府的阻挠下，中芯国际向荷兰阿斯麦公司订购的极紫外光刻机无法交付，中国7nm以下先进制程芯片研发陷入停滞。

中国半导体产业面临美国政府不断升级的封锁和制裁，而中国（不含港澳台，本文余同）拥有全球半导体最大的下游市场，2021年国内半导体全行业销售额首次突破万亿元，占全球市场的份额超过30%，且增长迅速，2012~2021年复合增长率为19%，是全球增速的3倍。在下游需求快速增长和供应链安全的驱动下，我国半导体制造产能进入扩张周期，国际半导体产业协会统计数据显示，2021~2022年中国计划及在建半导体产线超过20条，居全球首位。大规模的产能建设离开了稳定的半导体设备供应犹如无源之水、无本之木，中国半导体制造行业未来的良性发展需要一批强大的国产设备供应商来支撑。我司长期跟踪布局半导体设备行业，支持中国科技自立自强，已投资多家国产半导体设备企业，本文将以我司近期参与的YW公司项目为例，阐述我司的半导体设备投资逻辑与笔者的心得体会。

一、投资背景：产业格局变化下国产设备乘势而起

（一）半导体设备行业：市场需求加速国产替代进程

1. 稳健发展，全球市场持续增长

20 世纪 90 年代以来，全球半导体产业由成长期转为成熟期，全球半导体行业整体呈现周期性波动、长期稳步增长的趋势。在个人电脑、移动通信、物联网、高性能计算等不断出现的下游新应用场景的带动下，全球芯片销售数量从 2013 年的约 7000 亿颗增长至 2022 年的 1.1 万亿颗，半导体产能持续扩张，上游半导体设备需求也随之逐年增长。半导体设备市场的增长一方面来自半导体制造产能的扩张，另一方面由于芯片制程不断提升，同等半导体产能建设所需的设备投入也节节攀升。行业调研显示，每个月 1 万片 90nm 制程的 12 英寸晶圆产能需要约 5 亿美元的资本开支投入，而制程升级至国内目前最先进的 7nm 时，相应的资本开支投入将激增至 25 亿美元。

根据国际半导体产业协会发布的数据，近十年全球半导体设备销售额从 2013 年的约 318 亿美元增长至 2022 年的 1076 亿美元，年均复合增长率约为 14.5%。2023 年受下游消费电子需求下行等因素影响，预计全球半导体设备销售额将下滑至 874 亿美元，但随着 2023 年第 3 季度芯片销售额的触底回升，预计 2024 年全球半导体设备市场规模将重回 1000 亿美元以上，半导体设备行业长期增长确定性较强。

2. 东风已至，产业正向中国转移

过去的数十年间，全球半导体行业沿着"美国→日本→韩国＆中国台湾→中国"的方向进行产业链迁移，当前中国半导体产业迎来高速增长期。凭借着巨大的市场容量和消费群体，中国近年来已超过美国、欧洲、日本，成为全球最大的半导体销售地。中国半导体市场良好的发展势头，吸引了三星、英特尔、SK 海力士等跨国企业在中国建厂。

中国企业抓住行业东风，积极布局半导体制造环节，近年来的中美贸易摩擦更是加速了中国半导体企业的发展进程，产生了中芯国际、华虹集团、长江存储、合肥长鑫存储等一批接近国际

最先进水平的半导体制造商。公开资料显示，2017~2020 年，全球投产的半导体晶圆厂为 62 家，其中有 26 家设于中国，占全球总数的 42%；2021~2022 年中国计划及在建产线超过 20 条，居全球首位。产能的快速扩张和技术水平的提升使得中国成为全球半导体设备最大市场，2022 年中国半导体设备销售额为 283 亿美元，连续三年为全球之冠。

3. 千锤百炼，进入门槛高、周期长

半导体设备具有行业门槛高、研发周期长等特点，长期以来全球半导体设备市场被数家美、日、欧企业所主导，呈现寡头竞争格局。由于半导体设备本身和晶圆产线结构的复杂性，单设备的良率、稳定性会在整个体系内产生累积效应的影响，问题设备可能造成巨额的损失，且出现问题后难以归因，因此，半导体制造厂商对于上游半导体设备的准入、验证、验收有严苛的标准和流程，新产品的导入流程往往长达数年。

同时，对于晶圆制造厂而言，配合上游设备验证需要付出大量的人力（合作研发、调试）、物力（拿出其他设备配合验证的机会成本损失、验证过程中的物料损失），以及采用新设备供应商面临的巨大潜在风险（批量晶圆报废的风险、向客户延迟交货的风险），很少有晶圆厂愿意承担以上的损失和风险去验证新供应商的设备，这些因素导致了半导体设备行业的高进入门槛。

4. 蓄势待发，国产设备迎来机遇

在中美贸易摩擦加剧之前，中国晶圆厂为了尽快在半导体景气周期内完成产线建设，一般都倾向于采购国外的成熟设备，减少认证的周期和成本。而半导体设备的研发离不开晶圆厂协同开发的核心驱动作用，在过去很长一段时间内国产设备发展缓慢，获得验证及导入的机会不多。在这一时期，一部分国产设备厂商借助"02 专项"等国家项目持续研发，追赶国际先进技术，另一部分国产厂商通过为晶圆厂维修翻修设备，积累工艺经验和产业链资源，为自研设备打下基础。随着华为和中芯国际等企业遭受制裁，半导体设备国产化成为迫切需求，正式开启了本轮国产设备发展的黄金浪潮。

尽管国产设备市占率有了一定的提升，但我国半导体设备整体的国产化率依然较低。半导体设备厂商按国产化率大致可分为三个梯队。第一梯队大部分实现国产化，主要产品为去胶设备，国产化率超过 50%；第二梯队技术上已取得突破，能与国外厂商竞争抗衡，国产化率快速增长，主要产品包括清洗设备、刻蚀设备等，国产化率在 10%~20%；第三梯队尚未打破行业壁垒，产品国产化处于起步阶段，主要包括光刻设备、离子注入设备、量测设备等，国产化率大多在个位数水平。

随着拜登政府延续并扩大中美贸易摩擦以来的半导体行业限制政策，对内补贴芯片制造，对外拉拢台积电和三星赴美建厂，同时继续卡住对华关键企业的技术和设备出口，中国企业潜在的设备供应压力和"实体清单"风险逐步加大。国内晶圆厂在产能不断扩张的同时，也在不断地导入国产设备和材料，扶持本土战略供应商，国产半导体设备厂商发展机遇期仍在持续。

（二）刻蚀设备市场空间：价值量最高的核心工艺环节

半导体设备种类众多，按半导体工艺环节可划分为光刻设备、薄膜沉积设备、刻蚀设备、离子注入设备、清洗设备、化学机械抛光设备、扩散设备、量测设备等。在纷繁复杂的半导体设备中，我们首先关注价值量高、使用量大、重要性强的核心工艺环节，刻蚀正是半导体制造链条上价值量最高的核心工艺环节。

集成电路的构造并非简单的平面图形，而是一层层构造叠加起的立体结构。其中，刻蚀作为核心工艺之一的作用，是通过物理及化学的方法，在晶圆表面的衬底及其他材料上，雕刻出集成电路所需的立体微观结构，将前道掩模上的图形转移到晶圆表面。在刻蚀新形成的结构上，可以进行二氧化硅、氮化硅介质薄膜沉积或金属铝、铜、钨薄膜沉积，也可以进行多重曝光或下一刻蚀步骤，最终在各层形成正确图形，并使得不同层级之间适当连通，形成完整的集成电路。随着半导体制程工艺的不断微缩，光刻机由于波长的限制，更小的微观结构需要靠多次刻蚀工艺组合来进行加工，刻蚀设备的重要性不断提高。行业统计数据显示，刻蚀设备价值量占全部半导体前道设备价值量的 22%（见图 1），为价值量最大的前道设备。

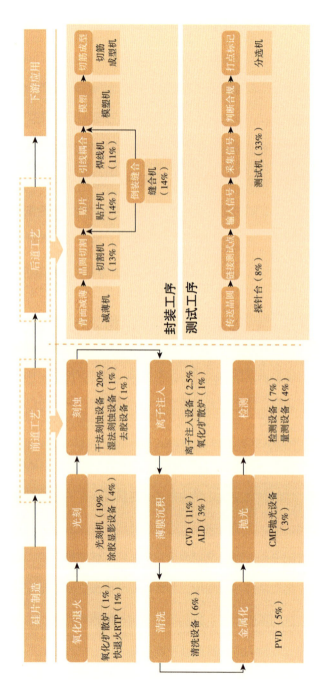

图1　半导体工艺环节及价值量情况

资料来源：SEMI、建信托研究部绘制。

　　根据中微公司年报披露的数据，2022 年全球刻蚀设备市场规模约为 230 亿美元，相比 2020 年的 123 亿美元增长 87%；同期半导体设备市场规模从 2020 年的 712 亿美元增长到 2022 年的 1076 亿美元，增长 51%。刻蚀设备的增速高于半导体设备行业整体增速。

　　国内市场方面，2021 年，我国刻蚀设备市场规模增长至 375.3 亿元（见图 2），在国内半导体行业政策的加持下，随着先进制造业发展对半导体芯片的庞大需求，预计未来几年内，刻蚀设备市场将进入较快增长阶段。

图 2　中国干法刻蚀设备市场规模

数据来源：Gartner。

（三）刻蚀设备技术路线：应用场景复杂，种类繁多

　　为满足晶圆制造复杂的工艺需求，相应的刻蚀设备技术路线也种类众多。根据刻蚀原理的不同，常见的刻蚀方法分为干法刻蚀和湿法刻蚀，其中干法刻蚀占主导地位，3 微米以下制程工艺主要使用干法刻蚀。按照被刻蚀的材料，干法刻蚀可以分为金属刻蚀、介质刻蚀和硅刻蚀。金属刻蚀主要用于金属互连线铝合金刻蚀，制作钨塞及接触金属刻蚀；介质刻蚀主要用于

制作接触孔、通孔、凹槽；硅刻蚀主要用于制作栅极和器件隔离沟槽。介质刻蚀一般为电容耦合等离子体（CCP）刻蚀机，硅、金属刻蚀一般为电感耦合等离子体（ICP）刻蚀机。不同刻蚀技术难点和应用场景存在差异，对初创公司而言具备切入行业机会。

1. 金属刻蚀

金属刻蚀主要是互连线及多层金属布线的刻蚀，刻蚀的要求是：高刻蚀速率（大于1000nm/min）；高选择比，对掩盖层大于 4：1，对层间介质大于 20：1；高刻蚀均匀性；关键尺寸控制好；无等离子体损伤；残留污染物少；不会腐蚀金属等。金属刻蚀通常采用电感耦合等离子体刻蚀机。

2. 介质刻蚀

介质刻蚀以二氧化硅、氮化硅等电介质为主要刻蚀对象，被广泛应用在芯片制造中。电介质刻蚀主要用于形成接触孔和通孔，用以连接不同的电路层级。此外，介质刻蚀覆盖的工艺步骤还有硬式遮蔽层刻蚀和焊接垫刻蚀等。

对于先进的设备，这些结构可能具有较高的深宽比，并且涉及复杂、敏感的材料，与刻蚀参数目标轻微的偏差（即使在原子尺度上）也会对器件的质量产生负面影响。介质刻蚀一般要求刻蚀出比较高深宽比的缺口，并且要求下层材料有较高的选择比。介质刻蚀通常采用电容耦合等离子体刻蚀机。

3. 硅刻蚀

硅刻蚀作为晶体管层刻蚀方法，要求最高、难度最大。硅刻蚀是对底层晶体管的刻蚀，其对刻蚀形貌精度要求较高。因此，其通常需要具备高选择比、高各向异性、高控制精度。如选择比方面，对于介质刻蚀，选择比一般为 20：1 到 50：1；对于金属刻蚀，选择比则更低；而对于硅刻蚀，由于多晶硅栅、浅槽隔离等尺寸极小，故精度要求极高，选择比要达到 150：1 左右。同时小尺寸导致深宽比增大，硅刻蚀在 14nm 以下的深宽比会达到 30：1

及以上，刻蚀难度加大。就制程工艺方面，对于介质刻蚀和金属刻蚀，28nm 的刻蚀精度就可以处理 14nm 的集成电路，而硅刻蚀在 14nm 的集成电路制程下必须要求 14nm 的刻蚀精度。

刻蚀步骤的设备、工艺、核心零部件的行业壁垒较高，主要原因如下。（1）刻蚀作为图形转移的关键步骤，其所需要雕刻出的结构形态各异；（2）刻蚀步骤需要在不同的材质表面进行，其所涉及的工艺方法相差较大；（3）刻蚀作为主要步骤，占用了大量工艺时间和厂房空间，其生产效率和良率对产线的效率影响很大；（4）刻蚀步骤需要射频源、气路、电极、冷热源、真空等多个子系统的精确流畅配合，这需要大量的工艺数据积累。

目前来看，干法刻蚀在半导体刻蚀中占据绝对主流地位，市场占比约为 90%。在干法刻蚀中，介质刻蚀、硅刻蚀广泛应用于逻辑、存储器等芯片制造中，占干法刻蚀九成以上的市场份额。金属刻蚀主要是互连线及多层金属布线的刻蚀，随着 180nm 工艺制程节点开始应用，铜互连技术逐步取代铝互连技术，金属刻蚀应用规模快速下降，目前仅占 3% 左右。

（四）刻蚀设备竞争格局：国产厂商打破国际垄断

全球刻蚀设备市场被国际巨头垄断。由于刻蚀工艺复杂、技术壁垒高，早期进入市场的国际巨头如泛林半导体（Lam Research，又称拉姆研究）、东京电子（TEL）、应用材料（AMAT）等拥有领先的技术工艺及客户资源，短期内较难被其他竞争对手超越。其中泛林半导体是全球技术最领先的刻蚀设备企业，公司立足刻蚀设备领域，通过并购不断提升竞争能力，构建技术壁垒和扩充产品线，其刻蚀设备多年来的全球市场份额一直超过50%。根据主要半导体设备公司财报披露数据，2020 年前三大厂商泛林半导体、东京电子及应用材料合计占有全球干法刻蚀设备领域 90.24% 的市场份额（见图 3），市场格局高度集中。

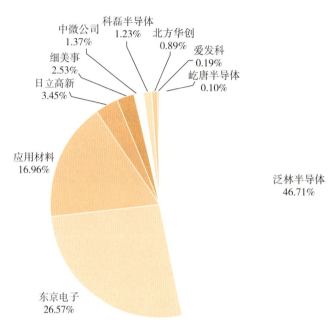

中微公司 1.37%　科磊半导体 1.23%　北方华创 0.89%
细美事 2.53%　　　　　　　　　　　　爱发科 0.19%
日立高新 3.45%　　　　　　　　　　屹唐半导体 0.10%
应用材料 16.96%
泛林半导体 46.71%
东京电子 26.57%

图 3　2020 年主要干法刻蚀设备厂商全球市场份额

资料来源：Gartner。

　　中国（不含港澳台）刻蚀设备厂商市场份额大部分仍由外资企业垄断，泛林半导体、东京电子及应用材料在中国市场的份额为 66%（见图 4）。中美贸易摩擦凸显关键领域自主可控重要性，国内晶圆厂为保障产线稳定性，会将其设备需求根据重要性程度逐步向国产设备企业做转移尝试，未来国产替代空间广阔。

　　中国干法刻蚀设备相关企业包括北方华创、中微公司、屹唐半导体、中国电科等，湿法刻蚀设备相关企业包括北方华创、中国电科、芯源微电子、华林柯纳等。在刻蚀领域，北方华创是国内硅刻蚀设备制造的巨头，其硅刻蚀机已突破 14nm 制程工艺，并进入主流芯片代工厂；而中微公司则为国内介质刻蚀机领域的龙头，部分设备已进入头部晶圆代工企业 5nm 制程生产线，接近国际最先进水平。国产厂商在刻蚀设备领域发展态势良好，预计市场份额将实现较快增长。

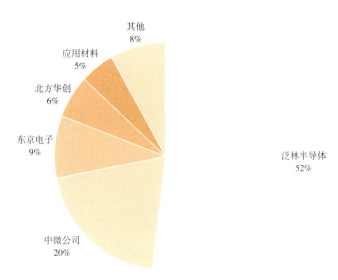

图 4　主要干法刻蚀设备厂商中国市场份额

资料来源：Gartner。

二、投资过程：寻找实现从 0 到 1 突破的优秀企业

　　我司自 2016 年开始就广泛布局半导体赛道，累计投资半导体企业几十家。在华为及中芯国际制裁事件后，我司开始关注半导体设备和材料领域，通过实地走访、线上访谈等方式构建半导体设备和材料产业地图。根据前道工艺的划分情况和不同设备的价值量情况，我司重点关注刻蚀设备、薄膜沉积设备、离子注入设备和抛光设备。作为价值量最大的设备，我司第一个关注的设备就是刻蚀设备。通过对我司已投资的晶圆厂进行访谈，了解国内技术水平较为领先的刻蚀设备供应商，接触到 YW 公司。

（一）初识标的：翻新起家，转型自研

1. 长期从事翻新服务，客户工艺积累深厚

　　YW 公司成立已有十余年，创立之初主要从事半导体设备翻新服务，近年来全面向自研

设备转型，陆续推出了去胶设备和 ALD 设备，产品已在某化合物半导体制造企业等大客户产线上得到验证。

YW 公司在刻蚀设备领域以翻新改造应用材料和泛林半导体的设备应用于特色工艺制造产线起家，在化合物半导体（碳化硅、氮化镓等）、MEMS 等多个领域深耕多年，有深厚的客户和工艺积累，是特色工艺翻新设备领域龙头公司；另外，公司通过不断扩充研发团队向自主研发设备转型。在 YW 公司的大力研发投入下，研发团队实力不断增强，某国际半导体设备企业技术高管、某中科院系统研发负责人、某 ALD 资深技术专家等多位具备 15 年以上行业经验的高层次人才陆续加入公司，ICP 刻蚀、PECVD 等设备均已经根据客户要求开始研发。

通过初步调研我们了解到，YW 公司具备较强的工艺积累和客户资源优势。YW 公司通过与特色工艺领域头部客户多年合作，其翻新设备已广泛应用在下游客户的量产产线上，其中不乏头部晶圆代工厂商。二手设备翻新改造对技术先进性的要求并不高，工艺积累和客户资源是最为核心的壁垒。YW 公司一直通过与客户联合定制化改造设备，有了深厚的工艺积累和稳定量产经验，长期收集终端用户的使用数据和反馈信息，不断优化和完善产品的设计和制造，其工艺经验和研发实力得到了客户的普遍认可。YW 公司的另一大优势为较高的性价比，对比海外半导体设备企业竞品，YW 公司通过提升零部件国产化率降低制造成本，设备性价比高，且更贴近本土客户和市场，能快速响应客户，服务也更贴近客户的需求。

2. 转型自研时间较早，实现产品批量出货

半导体行业客户认证周期长，我们重点关注完成从 0 到 1 验证突破的企业。半导体设备由于对技术参数和运行稳定性具有严格要求，下游厂商的工艺验证包括在具体生产场景的技术验证、与客户沟通、完善技术细节等，整个验证周期消耗时间平均在 1 年以上，之后设备供应商才会被纳入客户的合格供应商名单。以已上市的华海清科披露的数据为例，其 Demo 机台平均验证周期长达 12 个月左右。由于半导体设备较长的生产周期和验证周期，且下游客户

对于产品售后服务响应速度和售后技术工艺支持都有着较高的要求，因此，半导体设备领域具有较强的客户黏性，在非必要情况下，下游客户不会轻易更改产线设备。经行业调研和项目复盘，我们认为自研设备是否已实现 1 亿元收入是判断半导体设备公司产品导入进度的有效标准，超过这一阈值的公司此后的业绩往往能实现快速增长。

我司接触到 YW 公司时，其自研设备业务已开展数年时间，2020 年已有自研设备出货，比国内其他设备翻新企业起步更早。YW 公司的业务正在从二手设备改造全面转型到自研全新设备，这将大大打开公司成长的天花板。其自研设备已实现上亿元的销售，自研设备订单金额占比过半，已经完成从 0 到 1 的突破，因此项目团队决定继续跟进，进行深入调查。

（二）尽调发现：专精特色，客户认可

1. 头部客户深度绑定，降低产品验证壁垒

刻蚀设备是晶圆制造厂最核心的生产设备，往往需要很长的导入和验证周期，容错率很低，如何打消客户的顾虑是一大难题。通过对 YW 公司的下游客户进行访谈我们了解到，其翻新设备已经广泛应用于各类特色工艺的量产产线上，可靠性已得到多年的验证，在全新设备推出给客户时，均会预备一台已经得到验证的翻新设备防范可能出现的问题，大大降低了客户试用全新设备的风险，提升了客户导入意愿。

YW 公司通过与头部客户深度绑定，与客户联合研发了多种新工艺。通过与客户多年配合，也建立了与客户非常强的信任和黏性，某国内大型 LED 芯片制造企业、中国电科旗下的多家研究所等国内头部公司都是 YW 公司合作多年的客户。从 2011 年起，公司就开始给客户提供调试、配件服务，伴随很多客户成长，出于对 YW 公司的了解与信任，对于其部分设备有时无须经过漫长的验证和导入周期客户就会直接下单，YW 公司的自研设备能快速进入客户产线验证。

　　YW 公司的去胶机设备已经批量出货，新推出的 ICP 刻蚀、ALD 等设备也已小批量出货，并获得多个批量订单，采购的客户包括多家国内规模较大的功率器件及化合物半导体 IDM 企业。

2. 集中攻关特色工艺，抢占国内先发优势

　　泛林半导体、应用材料、中微公司等头部半导体设备公司更愿意集中资源抢做先进制程设备，并无强烈意愿在特色工艺市场发力，主要目标市场都在逻辑工艺传统的硅基半导体领域，不断向先进制程和更大晶圆迭代。而特色工艺特别是化合物半导体，如碳化硅、氮化镓等，由于过去市场相对较小而分散，头部设备公司往往并不会专门针对相关工艺开发专用的设备，国内主要的半导体设备公司也更关注先进制程的追赶，对此领域布局较少。YW 公司抓住了特色工艺的市场，看准了特色工艺设备市场的巨大潜力提早布局。YW 公司从对泛林半导体、应用材料的二手设备进行翻新和改造做起，满足了客户对化合物半导体生产的需求，通过多年努力形成了在特色工艺领域深厚的积累。

　　以碳化硅为例，早在 2013 年 YW 公司就开始对其进行研究布局，2014 年，通过国内某碳化硅 IDM 企业，以工艺开发为契机，YW 公司率先进入碳化硅领域，而当时国内的碳化硅行业尚处于起步阶段。基于在特色工艺领域的开发经验，YW 公司进一步开发了更加贴合下游客户工艺需求的全新自研设备，抢占领域先发优势，成为面向特色工艺市场刻蚀和薄膜设备的国内领跑者。

（三）赛道布局：以点带面，组合投资

　　YW 公司在面向特色工艺的半导体设备领域是绝对龙头企业，受到一众投资机构的广泛关注。我司基于建行集团强大的协同效应和综合金融服务能力，以及在半导体产业链上下游较为全面的投资布局等优势，在众多机构中成为 2022 年 YW 公司 C 轮融资的领投方之一，开

启了我司在刻蚀设备领域投资的第一步。

　　通过本次投资推进过程中掌握的信息，我们对国产刻蚀设备即将迎来爆发期的判断得到了进一步验证。我司认为半导体前道设备之一的刻蚀设备是值得布局的赛道。我司在投资 YW 公司项目后，借助客户访谈等相关资料对一级市场中设备产品受到较高认可的企业进行了梳理，并与其中的多家刻蚀设备制造商进行了接触，成功投资了另一家具有专精特色的刻蚀设备企业。沿着刻蚀设备产业链向上延伸，我司亦对数家刻蚀相关材料企业进行了投资。通过对 YW 公司的投资，以点带面，我司完善了在半导体刻蚀环节的投资布局。

三、投后进展：多方支持下国产设备走上快车道

（一）投后赋能：嫁接产业资源，提供综合服务

　　在投资 YW 公司后，我司协助 YW 公司对接众多我司已投项目，包括某射频 IDM 厂商、某功率器件 IDM 厂商等，持续为公司导入客户和订单。同时，YW 公司的核心零部件也存在国产化的需求。项目组发挥产业优势，协助 YW 公司对接以我司已投项目为主的一批半导体核心零部件供应商。

　　在投资 YW 公司后，我司发挥建行集团投贷联动的优势，为其提供流动资金贷款等金融服务，目前正在推进中的授信额度超亿元，将支持 YW 公司快速增长的研发投入与生产备件购买需求。通过投贷联动，项目组也使建行集团完成对 YW 公司的首次触达，为建行集团与YW 公司的长期金融服务建立了良好的开端。

（二）后续进展：订单高速增长，验证投前判断

　　我司投资后，YW 公司如预期的那样进入了快速发展期。2023 年上半年，YW 公司自研设备订单超过 200 个，订单金额达到数亿元，预计 2023 年订单金额同比增长 200% 以上。

YW 公司完成 8 英寸刻蚀设备和薄膜沉积设备 110nm 以上工艺全覆盖，预计 2024 年将完成首台 12 英寸设备交付。同时，YW 公司在 2023 年已完成国内多家功率半导体、MEMS 企业的首台设备交付，产品品类和下游客户不断扩张。

在股权融资方面，YW 公司在我司投资的同时获得了某国内头部功率半导体制造企业的大额投资。这表明 YW 公司的产品实力得到下游晶圆厂的高度认可，该笔投资进一步加深了 YW 公司与产业方的合作关系，为公司带来了可观的自研设备订单。

四、总结思考：向科技产业链上游继续探索

党的二十大报告中强调加快实现高水平科技自立自强，强化企业科技创新主体地位。股权投融资市场作为多层次资本市场的重要组成部分，在促进创新资本形成、发展直接融资、助推科创企业发展等方面发挥了重要作用。我国私募股权投资基金将迎来新的发展阶段，成为支持实体经济、促进产业升级和扶植科技创新的中坚力量。

项目组通过准确把握政策导向和市场机会，响应国家政策，聚焦"硬科技"，通过对专精特新、瞪羚、独角兽等拟上市企业进行全面的梳理走访及综合营销，寻找类似 YW 公司的优质硬科技项目。

项目组投资集成电路行业的核心逻辑是紧抓全产业链国产替代、自主可控大趋势下的成长机遇，细分赛道主要侧重于两个方面：一是重点关注半导体材料特定环节的突破，二是晶圆厂产能扩张和境外设备厂商限售带来的前道设备及核心耗材的国产化替代需求。行业整体具备较好的国产替代基础，细分领域涉及设备中的刻蚀、薄膜沉积等环节和设备核心零部件，材料领域中布局电子级硅料、光刻胶、封装材料等。

在布局半导体核心前道设备后，项目组继续向上求索，寻找半导体核心零部件的投资机会。半导体行业遵循"一代技术、一代工艺、一代设备"的产业规律，半导体设备是延续行业

"摩尔定律"的瓶颈和关键。鉴于半导体设备厂商往往为轻资产模式运营，其绝大部分关键核心技术需要物化在精密零部件上，或以精密零部件作为载体来实现。半导体设备精密零部件具有高精密、高洁净、超强耐腐蚀能力、耐击穿电压等特性，生产工艺涉及精密机械制造、工程材料、表面处理特种工艺、电子电机整合及工程设计等多个领域和学科，是半导体设备核心技术的直接保障。因此，半导体设备的升级迭代很大程度上依赖精密零部件的技术突破，从而半导体精密零部件不仅是半导体设备制造环节中难度较大、技术含量较高的环节之一，也是国内半导体设备企业"卡脖子"的环节之一，其支撑着半导体设备行业，继而支撑着半导体芯片制造和整个现代电子信息产业。

总之，科技创新已不仅仅是发展问题，更是生存问题。项目组将继续坚守股权投资国家队的自我定位，从多个层面为科技企业发展提供金融支持，充分发挥资本推动科技创新和实体经济转型升级的枢纽作用，积极引导不同资本形态与不同发展阶段的科技创新企业深度融合，实现"科技—产业—金融"的高水平循环。

（建信北京新能源 2 组：林威、杜迎霜
建信北京投资洞察部：廖临谷）

EVAPORATION
MATERIAL

XD 公司

小靶材，大用场

材料科学是支撑高端制造业发展的基石，制造业的每一次升级转型都离不开材料的迭代。近年来，我国大力发展以新一代信息技术、新能源、高端装备、新能源汽车为代表的战略性新兴产业，带动了对上游配套材料的庞大需求。而本土高端材料仍处于起步阶段，许多技术与市场壁垒有待突破，诸多关键材料国产化率近乎为零，材料端是我国关键技术领域"卡脖子"问题的难点所在。

在国产替代需求迫切的同时，高端材料又具有种类繁多、单一市场较小的特点。高端材料的供应链自主可控应当从关键领域着手，逐步向全产业链覆盖，因此，应优先关注价值量较高、在产业链中应用较广的材料，靶材便是其中的典型代表。靶材是显示面板、半导体、光伏等行业所必需的关键耗材，市场空间广阔，增长确定性较强，是近年来我司持续关注的泛半导体材料领域中的优质细分赛道。笔者于 2022 年参与了我司对国内领先的靶材供应商 XD 公司的投资项目，借此机会向各位投资人分享对靶材领域的研究认知和投资心得体会。

一、研究行业：发现靶材重要性与关键点

（一）靶材产业背景：先进制造耗材，下游应用广泛

1. 认识靶材：先进制造关键工艺，成膜过程核心材料

在微纳米尺度下的精密制造中，成膜工艺是一种高度可控的加工手段，它可以精准地控制参与制造的材料种类与结构，被广泛应用于半导体、显示面板、新能源等领域的生产制造，是先进制造的关键工艺之一。溅射镀膜是成膜工艺使用的主要技术之一，是一种从固体原材料中制备薄膜的技术。溅射镀膜利用荷能粒子（通常是离子），在真空中经过加速聚集，从而形成高速度的粒子束流轰击固体表面，使固体表面的原子离开固体并被传送到需要镀膜的基板表面形成薄膜，其中被轰击的固体即为溅射靶材。靶材各项指标对薄膜的性能影响很大，在实际应用中对靶材的纯度、密度、晶粒分布均有要求，一般而言半导体靶材的性能指标要求最高。

靶材品类繁多，按材料成分靶材可以分为金属靶材、单质非金属靶材、合金靶材、陶瓷化合物靶材等，不同性质的靶材对应不同的用途。例如，金属靶材常用于制备导电层、连接线等电子器件关键部分，单质非金属靶材可用于制备磁性材料和光电材料等。按产品形态靶材分为平面靶和旋转靶。平面靶通常用于在大面积的基板上制备薄膜，在成膜过程中靶材固定不动，制造成本相对低廉，但靶材利用率低，通常不超过 40%，镀膜均匀性相对较差；旋转靶在镀膜过程中会沿着靶材的轴线旋转，减少离子轰击在靶材表面产生的均匀性问题，提高了靶材的利用率以及镀膜的均匀性，靶材利用率可达到 70% 以上。靶材的选择取决于特定应用的要求，包括所需的薄膜成分、性质和结构，是成膜工艺的核心技术之一。

2. 市场前景：靶材下游应用广泛，市场需求长期增长

靶材在面板、光伏、半导体等行业已得到大量应用。据测算，2020 年，全球显示 + 半导体 + 光伏靶材市场规模超过 150 亿元。下游产能扩张及新技术的出现，将推动靶材需求持续增长。靶材下游主要应用领域见图 1。

图1 靶材下游主要应用领域

（1）显示行业

从具体下游应用领域来看，显示行业方面靶材需求量的增长将主要由显示面板整体出货量上升带动。在显示面板的生产工艺中，玻璃基板要经过多次溅射镀膜形成氧化铟锡（ITO）玻璃，再加工组装用于生产 LCD 面板、OLED 面板等，这其中需要消耗大量 ITO 靶材。大尺寸显示面板主要应用于电视、显示器、PC 等领域，电视在 LCD 显示面板市场中占据超过60% 的市场需求，电视出货量决定了 LCD 面板的需求走势。在经过 2022~2023 年的短暂调整期后，预计在显示面板大尺寸化趋势拉动下，全球 LCD 显示面板出货面积仍将维持增长趋势。在产能扩张方面，当前全球显示面板新建产线投资主要呈现两个特点：一是面板厂商对LCD 新线投资步伐明显放缓，但 LCD 存量产能较多，在可预见的 5~10 年内仍将是主流技术，预计 2026 年全球 LCD 面板出货量将达 2.64 亿平方米；二是对 OLED 的投资依然保持积极态度，预计到 2026 年全球 OLED 显示面板出货量将维持 10% 以上的复合增长率，届时

OLED 面板年出货量将达 2800 万平方米。

由于 LCD 面板与 OLED 面板制造工艺的不同，其对 ITO 靶材的单位用量存在明显差异。每平方米 LCD 面板的生产需消耗约 7 克 ITO 靶材，而每平方米 OLED 面板的生产需消耗约 0.7 克 ITO 靶材。该消耗量考虑了 ITO 靶材在镀膜过程中各环节的损耗（一般平面靶利用率在 30%~40%，旋转靶利用率较高，在 70%~75%）。因镀膜工艺稳定，且 ITO 靶材在显示面板整体生产成本中占比较小（占比不到 1%），预计未来 LCD 及 OLED 面板对 ITO 靶材的单位消耗量不会出现重大变化，因此，显示行业靶材需求量的增长主要由显示面板整体出货量上升带动。

（2）光伏行业

在光伏行业方面，靶材主要应用于 HJT（异质结）电池的生产，ITO 靶材是 HJT 电池生产工艺中沉积透明导电层的核心材料。HJT 电池是新一代光伏技术路线之一，具有工艺流程短、光电转化效率理论上限高的优点。当前 HJT 技术路线的每瓦成本高于主流的发射极背面钝化（PERC）路线以及新兴的隧穿氧化层钝化（TOPCon）路线，产业化进展相对较慢。随着多个环节技术降本的突破和产业应用，HJT 电池有望将成本降至与 TOPCon 电池同一水平，众多光伏龙头企业已纷纷布局 HJT 电池。据统计，2022 年 HJT 电池全球已落地产能超过 10GW，到 2023 年底 HJT 电池累计出货量将超过 10GW，而目前各家企业公布的 HJT 电池规划产能已超过 100GW，HJT 电池出货量即将迎来快速增长。

HJT 电池的成本主要集中在硅片材料上，靶材材料在 HJT 电池材料中约占材料总成本的 3%，主要为 HJT 电池中透明导电薄膜制备时使用的 ITO 靶材。目前主流的 HJT 电池方案需要使用 ITO 靶材制造正面与背面的透明电极，平均 ITO 靶材消耗量为 16.6 t/GW；为降低成本和进一步提高效率，部分企业布局了背接触 HJT 电池路线，仅有背面的透明电极需要镀 ITO 膜层，因此对 ITO 靶材的需求量将减半。ITO 靶材消耗量降至 8.3 t/GW。综合来看，

HJT 电池主要技术路线均需要消耗大量 ITO 靶材，ITO 靶材市场将随着 HJT 电池出货量的放量打开第二增长曲线。

　　薄膜太阳能电池生产中亦需要大量使用靶材。碲化镉是薄膜太阳能电池的主要技术路线，在薄膜电池中的市场份额超过 95%。尽管在效率上低于晶硅电池，但碲化镉薄膜电池在弱光性能、温度系数和效率衰减等方面具备优势，且薄膜电池可做到与建筑一体化，在分布式光伏领域有广泛的应用场景。薄膜电池龙头企业 First Solar 公司年报显示，2022 年全球碲化镉薄膜电池组件产量约为 9.2GW，组件光电转化效率提升至 19.7%。根据各厂商产能规划，预计 2025 年碲化镉薄膜电池产能将达到 25.6GW，为上游碲化镉靶材市场的增长奠定了基础。

　　（3）半导体行业

　　在半导体行业方面，基于国内晶圆厂对材料国产化率提升的要求，国内半导体靶材需求有望保持稳定增长。全球半导体材料市场规模与晶圆制造和封装产能密切相关，2018~2022 年复合增速约为 7%，而中国增速高于全球平均水平，同时期年复合增速接近 12%。半导体芯片制造过程中主要使用超高纯铝靶、钛靶、钽靶、铜靶等金属靶及合金靶材，纯度要求在各种下游应用中最高，通常要求达到 99.9995%（5N5）以上，相比之下显示行业和光伏行业使用的靶材要求略低，一般为 99.999%（5N）和 99.995%（4N5）以上，半导体靶材代表着靶材行业中最高的制造技术难度和品质一致性要求。靶材在半导体材料市场中的占比稳定，常年维持在 2.5%~2.7% 的水平，市场规模随着半导体材料整体市场的增长而增长，2021 年全球半导体靶材市场规模约为 110 亿元（按当年平均汇率折算）。国际半导体产业协会统计数据显示，2022 年中国半导体靶材市场规模约为 21 亿元，随着中国半导体制造产业的发展，靶材行业已进入高速成长期。图 2 为 2021 年全球靶材市场规模及 2025 年市场规模预测情况。

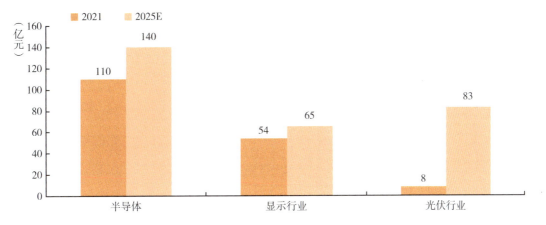

图2　2021年全球靶材市场规模及2025年市场规模预测

资料来源：产业调研、项目团队测算。

（二）行业竞争格局：国际巨头垄断，国产多点突破

　　长期以来，由于技术、人才以及市场准入等方面的门槛较高，全球高纯溅射靶材市场由美国、日本的数家大型材料企业所主导，特别是在门槛最高的半导体靶材领域，2020年日本的日矿金属、东曹公司以及美国的霍尼韦尔、普莱克斯公司四家寡头垄断了全球市场80%的份额，中国企业仍处于起步阶段。中国在靶材领域的主要参与者包括江丰电子、阿石创、芜湖映日、晶联光电、有研亿金、壹纳光电等，各家厂商业务擅长和业务重心有较大差异。例如，江丰电子在超高纯铝靶、钽靶、钛靶等金属靶领域技术水平较高，率先实现了半导体靶材的国产突破；阿石创深耕光学镀膜领域，近年来在显示面板所用金属靶材方面实现了大批量供货。随着中国市场的崛起以及供应链国产化的诉求，国外竞争对手的市场份额在逐步减少，在技术门槛相对较低的显示面板以及光伏电池行业，国产靶材供应商已在各自的细分领域取得较为可观的市场份额。[1]

---

[1]　数据来源：前瞻产业研究院。

以显示面板应用的 ITO 靶材领域为例，过去占据主要市场的国际厂商均为大型材料企业，对其来说当前 ITO 靶材市场规模小，且成本及价格方面处于劣势，因此国际厂商纷纷有退出该市场的计划。目前中国厂商在各产品指标上基本均可达到领先国外厂商的水平，仅在产品批次的一致性、稳定性上略有不足，但中国厂商具有较大的价格优势，另外在交期、售后服务及响应速度等方面均领先国外厂商。国外靶材厂商目前的优势在于高端产品、新靶材的研发方面，在较为成熟的传统靶材上，国内厂商近年来技术水平提升很快，产品质量与国外厂商相差无几，产能规模、稳定性、一致性也在逐年提高，目前已可满足国内显示面板生产商的要求。

（三）投资标的发掘：靶材原料分散，关注上游资源

镓、锗、硒、铟、碲等元素通常被称为稀散金属，是在 ITO 等多种主要靶材中常用的原材料，我司认为上游原料的稳定供应对于靶材领域具有重要的战略意义。以典型的稀散金属铟为例，铟矿较为分散，至今没有发现过富矿，铟主要呈类质同象存在于铁闪锌矿、赤铁矿、方铅矿以及其他多金属硫化物矿石中。2021 年全球金属铟产量约为 700 吨（原生，即不含回收铟），中国是铟的主产地，产量为 300~400 吨。

当前铟的供给主要有原生（从矿产冶炼中得来）、再生（从资源回收中得来）两大来源，其中以再生铟供给为主。原生铟全球已知铟储量至少 35.6 万吨，主要分布在中国、玻利维亚和俄罗斯。由于 ITO 靶材在溅射过程中仅有部分沉积在被镀膜物体表面，剩余部分会成为废料有待回收利用，即为再生铟，近年来全球再生铟产量维持在 1000 吨左右，以中日韩为主。随着中国在靶材下游应用市场中占比的提高，ITO 靶材回收技术能力也不断增强，中国以往以原生铟为主，近年来再生铟产量迅速提升。综合原生铟和再生铟两者的总产量，全球高纯铟生产基本形成中、日、韩三足鼎立，其他国家补充的

局面。

　　整体而言，中国的稀散金属资源较为丰富，掌握着泛半导体产业多种关键稀散金属元素材料的供应，向下游延伸发展稀散金属提纯和深加工产业具有得天独厚的优势。沿着稀散金属的供应链条搜寻，必将挖掘出优秀的投资标的，基于此投资思路，我司接触了 XD 公司这一稀散金属靶材企业。

二、推进投资：布局稀散金属靶材龙头

　　我司自开展股权投资业务十余年来，始终不忘"金融报国"的初心，聚焦新能源、新材料、电子信息、生物医药、军工、通信、高端装备制造等战略性新兴行业，精选细分市场优势明显的高科技企业，助力企业发展。我司累计投资科创企业超 200 家，从绵延千里的边疆旷野，到微至纳米的芯片器件，都烙印着建信符号。

　　我司先后与多个重点行业龙头企业合作设立股权投资基金，绑定合作关系，挖掘并投资产业链上下游优质项目。其中，我司与中国五矿成立了合作基金。在与中国五矿投资团队的沟通交流中，我司了解到 XD 公司这家企业。稀贵金属和稀散金属都是主金属（如铜铅锌）的伴生矿，XD 公司需要从冶炼厂和矿企采购副产品作为原料进行加工冶炼。XD 公司已与中国五矿有较多合作。由于单一稀散金属元素市场规模不大，新进入者难以产生规模效应。若中国五矿想在小金属领域布局，具备多元金属组合和全产业链布局的 XD 公司是为数不多的可触达的优质标的。

（一）初步接触：深耕行业多年，细分赛道龙头

　　XD 公司成立于 2017 年，其历史最早可追溯至 1995 年 XD 集团（控股股东）的薄膜事业部，在高纯材料领域有着丰富的历史积累，致力于研发、生产、销售和回收真空镀膜用溅射靶材和蒸发材料。产品包括高纯金属、合金、贵金属及陶瓷材料所制靶材、

锭、颗粒及粉末，被广泛应用于显示、光伏、半导体、精密光学、数据存储及玻璃等领域。

XD 公司现有员工千人，在广东省、安徽省、韩国、新加坡分别建有 4 个研发制造基地，在全球多个国家和地区设有销售办公室，已成为国内具备相当规模和影响力的靶材供应商之一，产品质量稳定，受到国内外客户的广泛认可。

XD 公司致力于研发与创新，是国家认定高新技术企业、广东省薄膜材料工程技术研究中心，同时拥有国家认可的材料检测平台（CNAS 实验室）。XD 公司先后获得多项奖励和殊荣，为成功打破国外对高端靶材的垄断、进一步促进靶材国产化做出了杰出贡献。公司的核心优势如下。

1. 深耕行业多年，业务积累丰富

XD 公司注重全产业链能力的拓展，在上游稀散金属回收、提纯、合成以及下游材料产品开发方面的综合能力突出。自 1995 年 XD 集团成立以来，持续投入自主研发，定位于我国稀散金属行业、产业发展的关键和共性技术问题；通过与海外某巨头合资、全资收购其 ITO 靶材业务，收购某韩国公司靶材事业部等方式消化吸收了海外先进技术，研发迭代形成自有技术并进行持续创新。

2. 市占率全面领先，龙头企业规模效应显著

XD 公司基于全产业链的综合优势，市场份额领先且有望继续提升。按照销售量计算，公司的 ITO 靶材占据全球显示行业市场份额的 36%，薄膜太阳能碲化镉占据全球市场份额的 57%；按照产量计算，硒和碲金属占全球市场份额的 40% 及以上，铟金属占 22%（见图 3）。全产业链布局和规模效应让公司享有行业领先的盈利能力，公司毛利率相比同行业平均毛利率高出数个百分点。基于产业龙头的规模效应、领先的技术实力和先进的生产工艺，公司的竞争优势将继续保持，市场份额有望进一步提高。

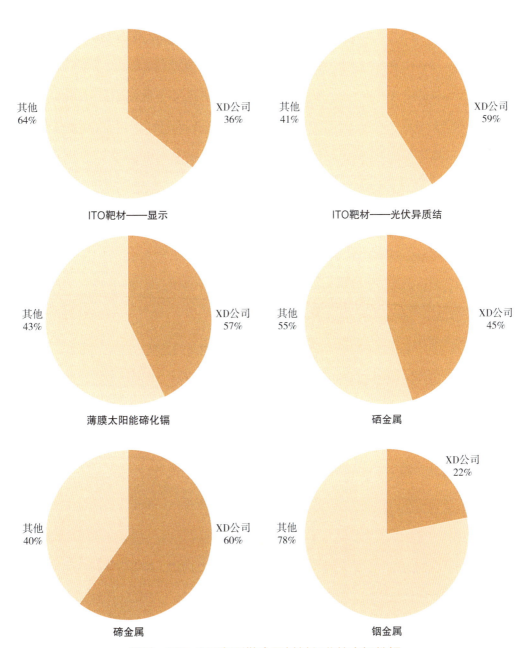

ITO靶材——显示

ITO靶材——光伏异质结

薄膜太阳能碲化镉

硒金属

碲金属

铟金属

图3　XD 公司在稀散金属材料行业的市场份额

资料来源：项目团队结合相关企业提供资料测算，其中 ITO 靶材和碲化镉等材料按照销售量测算市场份额；硒、碲、铟按照全球产量测算市场份额。

XD 公司所生产的产品是光伏、显示、半导体等行业必需的关键耗材，应用领域十分广泛。其中，显示行业和半导体行业市场规模趋于稳定，但在国产替代的趋势下，在国内市场有望获得领先于全球的增长速度。光伏市场在"双碳"目标的驱动下具有高确定性趋势，异质结电池等新技术引发对靶材的爆发式需求。据项目组结合产业调研预测，XD 公司面向的靶材下游应用市场规模有望在未来五年内翻倍成长，业绩增长有充足的想象空间。

（二）深入了解：技术储备深厚，客户深度合作

在我司继续推进项目、对公司进行尽职调查过程中，通过行业研究学习、实地调查、上下游访谈、行业专家交流等手段，项目团队进一步了解了 XD 公司多年来的技术储备和产业布局，认为 XD 公司是符合我司投资逻辑的优质标的，坚定了推进项目落地的信心。

1. 高纯材料集团起家业务，掌握上游核心资源

以铟金属为例，目前国内生产纯度在 4N 以下的铟相对而言技术难度不算高，但纯度在 4N 以上，如 6N5、7N 的产品对于国内厂商来说还是一大挑战。高纯材料在制备过程中，需要根据下游客户的需求使用特定的提纯工艺，有针对性地去除微量元素，应用的提纯技术和工艺复杂。XD 公司在制备时会综合采取真空气液分离技术、还原－提拉分离技术、萃取分离、树脂吸附分离技术、膜分离技术、高压浸出技术、热分解技术、旋流电解技术、熔盐电解技术、晶体定向生长技术、区域熔炼技术、真空塔板气相蒸馏技术、离子交换树脂法提纯、氧化吸收喷雾干燥一步提纯技术等，最高可以将产品做到 14N 的纯度，这其中需要对过程的质量管控、原材料的选择、组合工艺的应用，以及对下游应用方面的了解等，是整个产业链条中难度最大的环节。高纯材料是 XD 集团起家的业务，其拥有科技部批准的国内唯一的"稀散金属工程技术研究中心"，高纯稀散金属材料提纯技术实力在国内数一数二。

2. 显示行业靶材市占率高，精细控制技术领先

ITO 靶材在生产的第一步，需要将直径为几十个纳米的氧化铟和 20~30 纳米的氧化锡充

分均匀地混合在一起。把纳米颗粒完全、充分地混合到一起，并且使得纳米颗粒不团聚、不形成局部的计量比失衡，此方面技术难度较大。由于纳米颗粒取样没有代表性，均匀性不像其他指标那样可以检测到，所以只能通过工艺、装备的稳定性和 know-how 配方实现产品的稳定性。在项目推进过程中，为深入了解相关技术难点，我司项目团队对靶材行业专家进行了访谈。专家表示，ITO 粉体的制备需要整体质量的管控，需要非常良好的生产体系、来料和出货的检测机制，而国内企业早期不太重视这一点。由于 ITO 材料本身就容易产生颗粒，如果有颗粒很容易导致下游面板厂无法连续生产，需要打开设备维护保养，会严重影响生产进度。专家表示评价靶材公司的 ITO 靶材技术水平时，靶材公司在显示面板领域的市占率可以作为重要参考，在显示面板靶材领域较高的市占率很好地反映了 XD 公司在精细控制技术上的领先性。

3. 积极并购海外优秀厂商，工艺人才储备充足

制靶环节中的精密烧结和精密绑定，主要是把上一步生产均匀的 ITO 粉末烧结成型后绑定在靶材方面的技术。XD 公司在这一环节的技术主要来自两大海外龙头厂商。该环节的技术难点主要体现在以下几方面。首先，在烧结环节中，由于烧结的超高温可达 1600 度，靶材的收缩率非常大。为了让靶材在烧结过程中保持一定的形状、黏结力和强度，烧结前要增加很多配方，而在烧结后需要把杂质去除掉，烧结曲线需要和前端粉末相配合。整个过程对装备和工艺稳定性的要求非常高。其次，在绑定环节中，目前国际厂商包括三井在内普遍采用人工方式绑定，对工匠的依赖性和经验要求非常高。很多靶材产品在客户端使用寿命没有预期的时间长，大部分是由绑定环节不稳定造成的。XD 公司通过收购数家海外龙头公司相关业务，吸收其核心技术人员，用师傅带徒弟的方式，获得了相关专业技术人员，并将这些人员纳入股权激励中，使其可以安心地在岗位上进行长期的经验积累。

4. 下游核心客户深度合作，应用领域不断拓展

XD 公司通过并购多家国际领先的 ITO 靶材生产商实现突破，在全球各显示面板大厂中占据了重要地位。同时，XD 公司依靠多年技术积累，在新一代异质结电池组件用 ITO 靶材的开发中占到了先机，引领了光伏行业的发展。XD 公司与某薄膜太阳能全球龙头企业自 2005年起开始接触，提供样品测试，于 2007 年正式达成合作，2020 年又签署深度战略合作协议，保障稳定的供应。XD 公司在与该太阳能企业历时近 20 年的合作过程中为其定制研发了掺砷碲化镉、硒化镉、碲锌镉靶材，供应份额已超过主要竞争对手，成为该企业的最大供应商。

XD 公司依托金属回收和提纯技术，以及在 ITO 靶材生产工艺上的积累，正在向技术难度更高的半导体靶材和固体燃料电池材料领域扩展。自 2019 年开始，XD 公司的多款金属靶材导入半导体供应链，目前在国内头部逻辑代工企业、头部存储企业均有产品通过认证并开始供货，除靶材外 XD 公司还开发了多款应用于半导体制造离子注入环节的材料产品，产品覆盖面不断提升。

（三）项目落地：发挥建行集团综合优势，联合产业方全方位赋能

XD 公司作为溅射靶材和蒸发材料的龙头，受到大量投资机构特别是产业资本的广泛关注。2022 年其融资意向投资方仅产业投资机构就不下 10 家，其中不乏头部央企旗下的产业基金。

鉴于该项目在我司投资布局中的重要性，一方面，项目团队与我司的产业合作方中国五矿进行了充分的沟通交流，研究中国五矿作为产业方与 XD 公司进一步扩大合作的潜在空间，并与中国五矿投资团队共同开展项目尽调工作，为该项目在中国五矿基金的落地提供支持。另一方面，项目团队在建行集团内部也同步联动建行广东省分行对 XD 公司联合跟进，发挥建行集团的综合产品优势与在地化影响力，为 XD 公司设计了全要素、全周期、全场景的"股＋债＋并购"综合金融服务方案。我司也邀请 XD 公司实控人到北京总部考察交流，商讨产业

链与资金链中的合作机会。经过多次沟通交流与实地拜访，XD 公司实控人高度认可我司的产业链投资布局和综合服务能力，表示希望与建行集团开展深度合作，我司成为其少数几家非产业投资方之一。

我司认为溅射成膜关键材料的靶材行业是当前解决"卡脖子"难题、完成高纯材料国产替代、实现科技自立自强的重要赛道。在 XD 公司项目后，我司持续关注与高纯材料赛道其他头部企业及其产业链的合作机会，并相继落地了对多家企业的投资，进一步完善对该赛道的布局。

三、投后进展：助力企业向大平台发展

（一）投后赋能，与企业共成长

我司长期坚持服务实体经济发展、助力科技自立自强的理念，在投资落地后，发挥我司的综合优势，帮助企业进一步开拓业务。在产业赋能方面，我司在投资 XD 公司后，积极协助其对接我司相关项目，包括国内某薄膜太阳能第一梯队企业，提高其与我司投资组合中其他企业之间的黏性，促成各方合作的加深加强，提升产业链的整体竞争力。

在金融服务方面，XD 公司目前正处于多款产品放量阶段，为新增产能有较多的信贷资金需求。项目投资落地后，通过与建行广东省分行的共同努力，建行集团对 XD 公司提供的授信额度达数亿元，并给其母公司 XD 集团也提供了大金额的授信，为 XD 公司近期新建产线和对上游原材料的收购提供了有力的支持。我司积极推动投后赋能，实现了建行、我司、XD 公司及 XD 集团的多方共赢。

（二）扩张品类，打造材料平台

我司投资 XD 公司后，XD 公司业务发展态势良好，产品品类不断扩充，市占率稳步提升。在 ITO 靶材方面，XD 公司借助其收购的海外公司，切入美国、日本、中国台湾地区等境外市

场，目前此部分地区的客户主要以日本供应商为主，随着日本厂商逐步退出市场，XD公司有望占有日本厂商让出的市场份额，提升国际竞争力。

在半导体靶材方面，XD公司抓住国产替代机遇，是国内唯一一家实现磁存储靶材供货的企业，并积极扩充半导体靶材产能。目前，XD公司半导体靶材安徽二期工程厂房已经建成，相关设备陆续到位，正在进行安装和调试，2023年将进入试生产阶段，二期工厂的投产将进一步扩大其在半导体靶材领域的市占率。

在已有的靶材下游基本盘业务之外，XD公司还积极开展新的下游应用拓展。XD公司联合某固态燃料电池头部企业共同开发新型电解质等关键材料，预期将提升燃料电池电导率和转化效率。当前燃料电池材料产品导入进展顺利，规划在山东新工厂建设燃料电池材料生产线以满足下游客户需求。XD公司高纯材料的下游应用不断拓展，正朝着高纯材料大平台这一方向快速发展。

四、总结思考：持续布局上游材料，投身产业链强链补链

党的二十大报告指出要加快构建新发展格局，着力推动高质量发展。我司作为国有大行集团旗下公司，作为股权投资的国家队，致力于持续推动高质量发展，努力建设成为综合实力和国际影响力领先的一流全能型资管机构。

新能源行业、半导体行业都是国家重点扶持、社会重点关注的核心赛道，是产业升级优化、高质量发展的重要组成部分。近年来，我司在新能源领域、半导体领域横向拓展、纵向挖掘，投资了不少优质标的，服务赋能实体经济，成为参与国家建设的一股新兴力量。XD公司作为横跨新能源、半导体等多领域，同时又实现从提纯加工到产品制备再到废料回收的垂直整合模式的稀缺标的，完全符合当前形势下经济建设特别是供应链安全的国家需求，因此成为我司积极营销并最终促成落地的投资标的。

　　一直以来，我司始终坚持与政府机构、产业龙头、高净值客户、优质标的多方一道通力合作，努力成为合作方的首选合作伙伴。具体到本案例，一方面，我司作为中国五矿的合作方，同步及时推进项目流程，通过前期的充分准备与中期的高效决策，为中国五矿基金介入XD公司铺平道路；另一方面，作为XD公司的潜在合作方，也通过与建行的联合营销，为XD公司及集团推出了多品类的整体金融服务方案，让XD公司认识到母子联动的合作价值。除此以外，我司结合在科创领域股权投资的大量投研成果，为母行集团提供了锂电、光伏、半导体、汽车电子等各类专题培训，也通过基金合作、项目联动等形式，为集团间接培养锻炼了一批有产业认知能力的基层干部和业务骨干，服务建行集团整体的产业链投资工作。

　　2023年7月3日，商务部、中国海关总署发布《关于对镓、锗相关物项实施出口管制的公告》，自2023年8月1日起正式实施。公告对与镓相关的金属镓、氮化镓、氧化镓、磷化镓、砷化镓、铟镓砷、硒化镓、锑化镓共8类物项以及与锗相关的金属锗、区熔锗锭、磷锗锌、锗外延生长衬底、二氧化锗、四氯化锗共6类物项进行出口管制。

　　中国对镓和锗两种稀散金属实行出口管制，凸显了稀散金属材料对于维护中国国家安全和利益的战略地位，验证了我司投资布局稀散金属材料企业的正确性。未来中国将在关键战略资源领域使用更多的政策工具以保障国家利益，我司将响应国家战略，继续投资支持更多的高纯材料企业，助力我国的产业链强链补链。

（建信北京电子/计算机2组：蒋海桑、张心宇
建信北京投资洞察部：廖临谷）

  武器装备无人化、智能化是信息化战争的必然发展趋势。无人机作为无人作战体系中至关重要的成员，在信息化战争中发挥着举足轻重的作用。随着技术日趋成熟，无人机在实战中得到越来越多的应用，其对高价值目标毁伤和高成本武器的消耗造成巨大威胁，如无人机被美军用于击杀伊朗将军苏莱曼尼及在俄乌冲突中的广泛应用。

  面对当前复杂多变的周边安全环境，党的二十大报告中提出坚持机械化信息化智能化融合发展；打造强大战略威慑力量体系，**增加新域新质作战力量比重，加快无人智能作战力量发展**。在统筹安全和发展指导思想下，建信北京军工投资团队着眼科技自主可控和产业链稳定安全，始终践行金融助力科技自立自强、助力实体经济高质量发展理念，推动"科技—产业—金融"良性循环，在充分理解当前及今后一段时期我国军事战略指导方针、政策及在全面加强练兵备战、提高人民军队打赢能力背景下，深入挖掘新域新质无人智能装备制造领域的投资机会。本文将以 LKK 公司股权投资项目为案例，从投前深入研判、投中审慎把控、投后积极赋能和定期总结反思多个层面介绍投资团队的投资理念、经验和心得。

一、投研引领：深挖新域新质装备领域的无人智能投资机会

（一）特种无人机：新域新质装备重要载体市场空间稳步增长

1. 信息化战争催生新域新质装备需求，无人机是无人作战的核心载体

　　无人系统凭借其装备平台与作战人员分离而隔离伤亡的特点和优势成为未来战争的主要形态之一。 无人系统由于具有"不怕伤亡"等天然优势，能够快速部署并进入有人作战力量无法或不便涉足的危险、恶劣环境和空间中，长时间、高强度地遂行各种复杂、艰巨的作战和勤务保障任务。无人作战平台与操控人员的分离，使大量士兵成为无人作战平台的操纵人员，他们可以与指挥人员身处同一场所，联系更加直接、更加紧密，结束了二者在空间上、时间上的分离状态。这不仅使指挥员指挥控制士兵（即操纵人员）更加直接，也使指挥员指挥控制前线的无人作战平台和配合无人作战行动的有人作战力量更加直接。因为指挥员通过无人作战平台传回的战场实时情况，同步观察前线作战，能够与前线作战部队几乎在同一时间看到完全相同的战场景象，这就为指挥员向最基层部队下达命令成为可能。

　　无人机作为无人作战模式的重要载体已经被广泛应用在近年来多场局部战争中。 在无人作战领域，无人机的发展最为迅速，同时取得的战争效果也最为直观和显著。2020 年 1 月 3 日，美军使用"收割者"无人机发射 4 枚"地狱火"导弹，击杀伊朗将军苏莱曼尼，同时还击杀了伊拉克政府军军官。美军使用的 MQ-9"收割者"无人机是一种武装的、多任务、中高度、长航时的遥控飞机，用于动态执行目标，在阿富汗、伊拉克、也门、利比亚等多个国家地区使用过，美军在中东地区的军事行动越来越多地由无人机承担。[①] 此外，在从 2022 年持续至今的俄乌冲突中，双方均大量投入各式无人机进行关键装备、弹药库和建筑设施等重要目标

---

① 《揭秘苏莱曼尼被杀细节：车辆加速躲过第二枚导弹　但还是难逃一劫》，人民网，http://military.people.com.cn/ n1/2020/0107/c1011-31537844.html，2020 年 1 月 7 日。

的精确摧毁，其产生的作战价值和防御难度越来越值得重视。①

2. 中国特种无人机领域发展迅速，装备性能已达到国际先进水平

中国军用无人机的研究起步很早，步入21世纪，中国军用无人机的发展迎来世界的关注。2006年，多款军用无人机的设计方案公开出现在人们的视野中。**2010年后，我国在军用无人机领域取得"井喷式"进步，推出了种类繁多的中小型战术无人机与大型战略无人机。**"长鹰"大型远程军用无人机设计方案的展示、彩虹-4（CH-4）察打一体机、彩虹-5（CH-5）察打一体机、"蓝狐"靶机、ASN-229A型无人机、"翼龙"通用机、"翔龙"侦察机的研制与试飞成功，标志着中国军用无人机已经达到了无人机研发的国际先进水平。2019年国庆阅兵展出了8型26架无人机，其中**第一方队侦察型**，由高空高速无人侦察机无侦-8、侦察校射无人机、小型近程侦察无人机、中程高速无人机组成；**第二方队察打型**，由攻击-2无人机、攻击-11无人机和反辐射无人机组成；**第三方队特种型**，由侦察干扰无人机和水下无人潜航器组成。当前中国正处于无人机研发的快速发展阶段。②

3. 全球军费持续增长，军用无人机国内及军贸市场空间稳步增长

全球军用无人机市场规模持续增长。据Fortune Business Insights统计，2020年全球军用无人机市场规模为106.8亿美元，同比增速1.4%，增速显著低于2017~2019年，主要是受新冠疫情造成供应链中断的影响。在新冠疫情缓解后，行业有望迎来复苏，全球市场规模预计将从2021年的112.5亿美元增长至2028年的261.2亿美元。行业增长的驱动因素之一是全球军费持续增长，2019年全球军费为1.917万亿美元，同比增长3.6%；同时，各国的边界争端不断，促使有领土争端的国家斥巨资购买无人侦察机，通过现代化边境巡逻来增强态势感知能力。

---

① 《美媒：俄乌冲突使无人机战更新迭代》，新华网，http://www.xinhuanet.com/mil/2023-01/16/c_1211718645. htm，2023年1月16日。

② 《32个装备方队动地而来　40%装备首次亮相》，人民网，http://politics.people.com.cn/n1/2019/1001/c430388-31383122.html，2019年10月1日。

国内无人机列装和军贸出口为需求起量打开空间。根据公开资料，考虑各军兵种和集团军需求，国内军用无人机列装需求预计达到 4000 架以上，规模超 700 亿元，主要以侦察、察打无人机为主。军贸无人机方面，据斯德哥尔摩国际和平研究所（SIPRI）公布的数据，2019 年，在无人机出口市场，中国占全球军用无人机出口市场份额的 22%，仅次于美国。凭借更高的性价比，中国军用无人机有望在未来取得更高的市场份额。根据斯德哥尔摩国际和平研究所统计，2010~2021 年，中国共向全球 10 多个国家出口了 372 架军用无人机，占全球 29% 的市场份额。[1] 按照全军军贸市场 100 亿美元估算，[2] 目前每年我国军贸无人机销售额超过 100 亿元。

4. 市场参与主体较多，中大型无人机市场主要以航空航天等集团为主

目前国内特种无人机主要分为大型无人机、中型无人机、轻小型无人机。大型无人机主要以航空工业、航天科技、航天科工集团为主，尤其以中空长航时无人机市场需求量最大，份额最高，其中以 611 所翼龙系列、航天彩虹系列等为代表，民营企业以腾盾、北航长鹰等为代表。中型无人机以总参 60 所、西工大 365 所、南航、贵航为主，主要集中在中低速靶机方向。民企以金鹏达、威海广泰、星网宇达为代表。轻小型无人机以测绘无人机、巡检无人机等为主，国企以航天九院、电科特飞、618 所为代表，民营企业以成都纵横、科卫泰等为代表。

5. 无人机技术含量高、涉及领域广，下游应用渗透众多领域

无人机涉及传感器技术、通信技术、信息处理技术、智能控制技术以及航空动力推进技术等，是信息时代高技术含量的产物。近年来，随着卫星定位系统的成熟、电子与无线电控制技术的改进、多旋翼无人机结构的出现，无人机行业进入快速发展阶段。目前，无人机已经成为商业、政府和消费应用的重要工具，广泛应用于建筑、石油、农业以及公用事业领域。

---

[1] 《无人机行业深度：军民共铸千亿市场》，雪球网，https://xueqiu.com/7697110006/224361276，2022 年 7 月 4 日。

[2] 《航天彩虹 2022 年年度董事会经营评述》，同花顺财经，http://yuanchuang.10jqka.com.cn/20230329/c646011878.shtml，2023 年 3 月 29 日。

无人机产业链上游为无人机设计研发及关键原材料的生产，其中关键原材料有金属材料和复合材料两大类，包括钛合金、铝合金、陶瓷基等特殊材料。中游无人机整机制造包括飞行系统、地面系统、任务载荷系统三方面，是无人机制造的核心部分。其中，飞行系统包含动力系统、导航系统、飞控系统、通信系统和机体制造等，是无人机完成起飞、空中飞行、执行任务和返场回收等整个飞行过程的核心系统。无人机产业链下游即无人机的应用场景，民用领域无人机可应用于航空拍摄、灯光表演、农林植保、灾难救援、物流运输、电力巡检等，**在军用以及特种应用领域包括蜂群无人机、弹载无人机、管式发射无人机等遂行特种任务的无人机。**中国特种无人机主要参与厂家情况见表1。

表1　中国特种无人机主要参与厂家情况

序号	厂家	背景 / 控股股东	主营业务 / 优势产品
1	航天彩虹	中国航天空气动力技术研究院	业务主要包括无人机业务和新材料业务两大板块，以彩虹系列无人机为代表的无人机产业现已形成小型、中近程及大型高端无人机研制体系，具备总体设计和系统集成能力，拥有年产40架1吨级无人机生产能力，整体技术能力处于国际先进水平。航天彩虹是我国首家实现无人机批量出口且出口量最大的企业
2	航天时代电子	中国航天科技集团	主要产品为中近程战役战术级系列无人机系统，代表性产品包括FH-200、FH-91、FH-92、FH-902等，主要用于侦察、通信、战场评估、打击等军事领域和地貌测绘、渔业监测、气象服务、环境监测、管线巡检等民用领域，目前已形成30多个型号的无人机系列产品
3	中航（成都）无人机	中国航空工业集团有限公司	以"翼龙"项目系列化、谱系化发展为牵引，以航空工业集团雄厚的技术储备和人才资源为依托，倾力打造"龙"系列无人机系统品牌

序号	厂家	背景 / 控股股东	主营业务 / 优势产品
4	西安爱生技术集团公司	西北工业大学第 365 研究所	负责研制和生产系列化小型无人机系统，先后研制出 ASN-102、ASN-209、ASN-212、ASN-215、ASN-216、ASN-217 和鸭式飞机等多种型号的军用和民用无人机
5	航天科工 302 所	中国航天科工集团有限公司	承担无人机产品从研制到生产、从试验到服务的全生命周期技术抓总工作
6	南京模拟技术研究所	总参 60 所	在小型涡喷动力、高速远程飞行控制、传感器弱信号处理、计算机仿真和高速图像处理等核心技术的开发研究方面独具特色。从 20 世纪 60 年代开始陆续生产各型无人靶机近万架
7	北京北航天宇长鹰无人机科技有限公司	中国北方工业有限公司	致力于无人机系统、轻型飞机、机载 / 地面设备的研发、制造、销售及服务，包括 BZK-005 系列无人机系统等武器装备的研制生产任务。面向国内军方和军贸出口，已列装国内军方多年，其核心研发团队为北航无人机所的原有研发人员，掌握导航、飞控、气动、结构、电器、火控等关键设计
8	四川腾盾科技有限公司	四川腾盾科创股份有限公司	主要从事高端无人飞行器为代表的智能装备研发、制造、服务与全价值链经营，致力于成为国内顶尖、世界领先的智能装备解决方案供应商

（二）仿真测试：市场规模持续增长，参与主体差异化发展明显

　　仿真技术是以相似原理、信息技术、系统技术及与其应用领域有关的专业技术为基础，以计算机和各种物理效应设备为工具，利用系统模型对实际的或设想的系统进行研究、分析、评估、决策或参与系统运行的一门多学科的综合性技术，其综合了计算机图形技术、计算机仿真技术、多传感器交互技术、人机交互、人工智能及显示技术等多种高科技最新成果。

仿真技术包括软件和硬件两大部分。软件方面，应具备以下功能：复杂的逻辑控制，模拟实时的相互作用，模拟人脑所有的智能行为，模拟复杂的时空关系，感觉的表达，实时的数据采集、压缩、分析、解压缩，支持与仿真环境交互的定位、操纵、导航等。硬件方面，主要是计算机与周边设备的组合关系，表现在更大存储容量的存储设备、图像显示设备、数据采集与处理系统仿真技术的操作设备等。

仿真技术能够通过以计算机技术为核心的现代高科技生成逼真的视、听、触觉的特定仿真环境，使参与者借助一定的交互设备，按照自己的主观意愿驱动仿真模型与环境，并感知仿真世界的各种对象，从而可以组织完成一些现实中难以完成或根本无法进行的活动。

1. 自主可控及信息化转型下军事仿真软件市场空间巨大

随着信息化程度的不断提高，作战及装备系统越来越复杂，对仿真技术的应用需求越来越迫切，仿真技术在国防军事领域中的作用愈来愈重要。世界各军事强国竞相在新一代武器系统的研制过程中完善仿真方法，改进仿真手段，以提高研制工作的综合效益。近十多年来，美国一直将建模与仿真列为重要的国防关键技术。中国国防信息化进程历经萌芽阶段、起步阶段和全面发展阶段。由于历史原因，信息化基础还比较弱，**整体正处于由机械化向信息化乃至智能化转变的过程中，未来提升空间巨大**。军用仿真软件应用作为中国国防信息化进程的关键环节之一，受益于国防科工体系与社会经济体系相互融合的不断深化。**随着自主可控软件在军方的不断推广，军用仿真软件行业实现了从无到有、从有到精的高速发展**。

2. 军用仿真市场规模将持续稳步增长

国际市场。根据简氏防务《全球建模与仿真的市场预测报告》，2017 年全球模拟军事训练系统市场达到 130 亿美元，预计 10 年后市场总规模将达到 1216 亿美元。从全球市场规模来看，从 2016 年起，北美占全球军事模拟和虚拟训练小时数的 36.10%、亚太地区占 25.30%，中东占 7.90%，拉丁美洲和非洲共占 5.10%。此外，包括波音公司、洛克希德·马丁公司在内的许多全球知名企业都设有相关的建模技术研究部门或基地，负责仿真测试、建模培训、虚拟生产、建模设计等工作。从未来的地区增长趋势来看，预计 2016~2025 年，北美将在仿真和建模学习领域花费 606 亿美元，亚太地区则为 426 亿美元，中东是另一个预计增长的地区。在接下来的 10 年中，拉丁美洲和非洲也将开始在军用仿真领域投入资金。

国内市场。根据智研咨询发布的《2021~2027 年中国军用仿真（软件）行业市场全景调查及投资策略研究报告》，2020 年我国军用计算机仿真（软件）行业市场规模约为 118.52 亿元（见图 1）。"十三五"时期以来，国家鼓励加大军民融合力度，行业内龙头企业在政策指引下，逐步拓宽软件产品的应用领域和应用方向，军用仿真软件行业得到进一步发展。未来，随着我国国防信息化的不断深入，我国军用计算机仿真（软件）市场前景十分广阔，预计到 2027 年行业市场规模将超过 200 亿元。

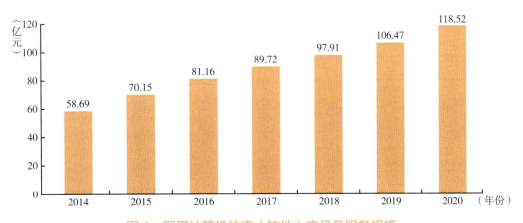

图 1 军用计算机仿真（软件）产品及服务规模

资料来源：智研咨询。

3. 仿真技术领域三大梯队差异化发展明显

目前国内军用仿真行业已形成军工集团仿真中心、专业仿真科技公司、民营仿真创新企业三大梯队集群，三者形成差异化发展格局。**军工集团仿真中心更加突出主业，以小核心大协作模式带动产业链上下游发展**。军工集团仿真中心主要围绕各作战领域装备体系规划论证、型号立项论证和关键技术半实物仿真进行研究。如航天二院承担的防空反导体系论证任务，航天三院研制开展的虚拟与实物仿真结合研究，航天四院围绕导引头技术开发进行的半实物仿真和海上防御体系突防技术研究，中国电科进行的新一代军用网信体系架构设计和无人机蜂群作战模式和效能评估研究等。

专业仿真科技公司在巩固已有基本面的同时，不断开疆扩土，继续拓展各自的业务领域，追求在装备产业和产值上做大做强。一方面针对军方需求进行模拟训练、作战推演、效能评估等研究开发，另一方面支撑军工集团体系仿真试验工作。例如，航天发展以南京长峰为主体，整合航天仿真、江苏大洋、航天国器以及京航科技等资源，计划构建蓝军装备研究院，统筹规划数字蓝军和蓝军装备的发展体系，为我军实现实战化红蓝对抗演训、精准测试验证我军装备和作战体系提供一体化的解决方案。华如科技配合中船系统院开展海上蓝军装备体系研究论证工作，实现人在回路体系仿真与效能评估。

民营仿真创新企业根据各自技术特点呈现明显的差异化发展特点。比如，凌瑞智同公司专注于作战概念开发、军事需求论证与体系架构设计，将元模型结构与体系仿真相结合，为各军种研究院和装备体系论证部门提供支撑；鹦鹉螺公司（北京中科鹦鹉螺软件有限公司）从事陆地、海上、空中虚拟战场环境、实装模拟器和战术模拟训练系统开发；北京智之公司专注于作战建模仿真、指挥控制系统和平台管理系统开发，在空中和防空应用中实现开／闭环防空体仿真系统功能；神州智汇科技公司引进国际最先进的虚拟仿真平台，实现三维图形与训练管理系统的结合。

（三）LKK 公司：无人机装备和仿真测试技术互相促进加速产品落地

1. 瞄准特种无人机蓝海市场，充分发挥专业团队技术能力加速产品落地

LKK 公司的特种无人机横跨大、中、轻小型无人机领域，但避开了竞争激烈的中空长航时靶机、测绘巡检类无人机，主要是以特定市场为导向的定制、研发特种无人机，如管式发射蜂群无人机、有人机改无人机、运输投送无人机、中继通信无人机等。依托西工大背景及强大技术实力，定位于垂直起降固定翼无人机、蜂群无人机、系留无人机、管式发射无人机、大型有人机改无人机等高精尖领域，避开红海竞争，在部队后勤保障、物流运输、边海防巡检等领域获得极大的市场份额。此外，LKK 公司已经掌握气动、飞控、导航、防撞等核心技术，形成了涵盖飞控、总体、气动、结构、航电、强度、任务规划、地面站等系统的研发体系，和能够快速响应市场需求的专业化人才队伍，具备根据行业需求、市场需求迭代开发，快速落地的能力和优势。

2. 仿真技术助力无人机测试验证，相关技术积淀加速成果转化应用

LKK 公司确定以标准化、通用化仿真测试产品为目标的行业发展方向，致力于提供统一高效、兼顾特殊行业需求的仿真测试产品。其仿真技术能力的积累体现在两个方面：一是多年来为客户建设实验室过程中积累的大量经验，尤其针对无人机系统方向，相关仿真测试产品能够覆盖无人机系统研发的各个方面；二是无人机技术能力提升加深了对各被测试对象自身特点的深入理解，反过来进一步促进仿真测试产品功能、性能的持续提升，加速相关产品的迭代发展。此外，在模拟训练、三维视景、战场态势等多个相交领域有足够的技术积累，可以根据科研院所、国防科技工业企业的实际需求特点，结合仿真建模、模拟训练、三维视景、战场态势等多个行业的技术能力，为这些单位提供功能全面的技术服务。

二、投资过程：战略需求为先，厘清投资逻辑，调控行业特有风险

（一）缘起：国家军事战略主导的新域新质长坡厚雪

随着现代科技的发展，特种无人机在军事领域扮演着越来越重要的角色。特种军用无人机以其高效率、低成本、多功能的优势，特别是在强大情报侦察、信息搜集、目标打击等能力支撑下，被广泛应用在战场信息搜集、侦察、干扰、打击活动，充分发挥了在攻防战场中的显著优势。2022 年以来，无人机被广泛应用在俄乌冲突中，包括侦察监视、目标指示、精确打击和信息对抗领域，加速了现代战争作战模式的转变。未来战争中特种无人机将发挥越来越重要的作用，成为 21 世纪战争变革的重要力量。

军工投资团队深入研究新域新质领域和挖掘该领域的高端装备投资机会。党的二十大报告提出，要统筹发展和安全，增加新域新质作战力量比重，加快无人智能作战力量发展。LKK 公司项目由投资团队从中科院创投处获得，其以飞行控制技术为核心，以军用仿真业务起家，主营业务以特种军用无人机为主、军用仿真业务为辅。其中，特种军用**无人机采取差异化发展战略，主要有管式发射类无人机、垂直起降固定翼类无人机、系留多旋翼无人机、有人改无人的无人机、固定翼蜂巢无人机、低空高亚音速靶机等六大类产品方向**；仿真业务方面，包括 Aerosim 飞行仿真系统、Warsim 红蓝体系对抗仿真系统、WorldCreator 视景仿真平台、铁鸟大型试验系统等。LKK 公司的特种无人机和军用仿真业务成为相互促进、持续提升的反馈闭环，持续助推其特种无人机装备功能性能和仿真技术的高效精准性能提升。

（二）洞察：专业化产品和人才体系是主导的投资逻辑

瞄准特种无人机蓝海细分市场，发挥专业优势加速产品落地。LKK 公司特种无人机横跨大、中、轻小型无人机领域，瞄准特定市场定制、研发特种无人机。如管式发射蜂群无人机、有人改无人的无人机、运输投送无人机、中继通信无人机等。避开了竞争激烈的中空长航时靶

机、测绘巡检类无人机，充分发挥技术团队在气动、飞控、导航、防撞等核心技术领域的优势，形成了涵盖飞控、总体、气动、结构、航电、强度、任务规划、地面站等系统的研发体系和专业化人才队伍，加速产品市场化。

（三）应对：辨析行业特点是控制风险的关键

在关注 LKK 公司产品、团队、技术、经验等优势的同时，也要特别关注军工行业特有的**风险特点，如应收款回款周期长、应收预付不匹配导致净现金流紧张、收入季节性波动明显等，需要多措并举控制此类风险。**具体来看，投资团队通过深入的尽调，专门制定针对性应对措施控制各项风险，充分权衡风险收益，把控投资进度。举例说明如下。

1. 优化调整供应商和采购策略，控制负净现金流风险

LKK 公司客户主要是 JD、科研院所及国有军工企业，来自这些客户的营收占比过高，且其严格预算管理导致应付款审批回款周期长；此外，LKK 公司采购付款周期短，需提前付款，导致公司应收预付错配严重而引发经营性净现金流紧张。针对此风险，投资团队优化调整供应商和采购策略，改善结算条件和结算方式；同时提高银行授信，合理增加公司银行承兑汇票等票据业务，延长供应商结算周期，降低预付款占比，减少上游资金占用等，以控制应收预付错配程度，提升经营活动净现金流量。

2. 拓展民品业务，平滑营收季节性波动

下游主要客户严格的预算管理制度使得 LKK 公司营收主要集中在第 3、第 4 季度，为平滑公司营收的季节性波动，LKK 公司主动规划拓展民品业务，同时投资团队针对军工标的进行严格的投前、投后公司经营、财务及决策和交付情况的评估分析，预先评估营收季节性波动对公司融资、IPO 及后续股价估值的影响，并给出应对措施。

3. 严格控制成本，加强审计沟通，减轻军品审价风险

涉军单位采购订单合同经会签后作为暂定价合同，待项目验收后，由甲方聘请第三方审

价单位进行审价，以确定多退少补数额。这可能会导致订单金额的核减或增加；另外，一般也会对订单合同进行抽审，被审计抽中的项目进行补充审价，审价结果也可能为核减。为应对军品审价带来的营收确认风险，在充分考虑审价可能出现情况的基础上，通过严控成本、加强审计沟通等方式，尽量减少军品审价带来的风险。

（四）决策：长期成长的蓝海市场是主导决策的核心因素

1. 行业需求旺盛，未来市场可期

武器装备无人化是信息化战争的必然发展趋势。无人机作为无人作战体系中至关重要的成员，在信息化战争中发挥着举足轻重的作用。军用无人机涉及飞行器总体设计、气动设计、载荷设计、环境适应性设计、可靠性设计等诸多关键技术，是典型的军工"硬科技"产品。

随着无人机技术日趋成熟，无人机在实战中得到越来越多的应用，我国军用无人机迎来了较快发展，以"彩虹"系列和"翼龙"系列为代表的军用无人机通过军贸出售，在局部战争中发挥了优异的作战性能，取得了较好的作战成果。面对当前安全形势，国家提出要壮大新域新质作战力量。"十四五"期间军用无人机将加快研发，预计后期有大量列装采购需求，军用无人机市场规模持续快速增长。

2. 目标市场属于蓝海市场，差异化发展优势明显

目前，军工集团主要产品集中在中重型侦察型以及察打一体型，包括翼龙系列、彩虹系列以及鹞鹰系列；高校方面，北京航空航天大学以大型察打一体无人机为主，西北工业大学和南京航空航天大学则以中小型无人机为主；民参军无人机企业较多，无人机也是创业的热点领域，新兴民营无人机公司不断涌现，目前民参军企业产品主要集中在中小型无人机，以靶机、小型侦察机为主。LKK 公司定位的特种无人机尚处于爆发前期，面对后续将加入的竞争对手，LKK 公司有先发优势，尤其是在蜂群无人机技术、管式发射、弹载等细分领域技术领先。与

大型无人机相比，特种无人机技术门槛相对较低；但与工业级、消费级等无人机相比，特种无人机存在相对较高的技术要求，品种多、需求大。

3. 多个产品即将定型列装，业绩释放可期

LKK 公司已有 6 款产品正在型号研制阶段，2022 年首款无人机定型列装，2023 年预计会有多款产品定型列装，并将在"十四五"期间跟研多款型号。此外，军贸无人机已完成出口立项。随着研发定型的产品越来越多，LKK 公司将有越来越多的营收来自产品模式，预计在 1~2 年内产品商业模式占比将远大于 EPC 商业模式占比，公司未来业绩增长空间较大。

4. 仿真 + 无人机业务相辅相成，可实现迭代发展

仿真领域市场分布极广，主要为航空、航天、兵器、电子、船舶等军工研究所、工厂科研条件建设和技术改造条件建设。根据"十四五"规划，每年国家投入的技改资金市场规模约在千亿元。市场特点主要为定制性强、市场关系影响较大。LKK 公司具备技术实力强的优势，参与过多个大型仿真项目；公司主要领导为行业内领导者，行业影响力强大。

仿真测试业务是特种无人机业务在业务方向产品化中一个重要的验证环节，能快速高效地发现问题，提升整个算法的迭代速度和收敛速度，从整体上提高开发效率、降低开发成本，为产品化奠定坚实的基础。LKK 公司仿真业务稳定发展，是无人机业务发展的基石；同时公司在无人机业务上的认知能够反哺仿真业务，使仿真业务结果更精准，从而推动仿真业务发展。

5. 目前业务以军品为主，未来民品业务亦有较大空间

随着军民融合国家战略的深入实施，特种无人机技术飞速发展，军民技术深度融合，我国特种无人机自主设计研发能力持续增强，催生出一系列服务国民经济社会发展的种类齐全、功能多样、安全可靠的特种无人机产品，形成包括研发、制造、销售和服务的配套齐全的产业体系。未来 LKK 公司相关技术转化为民用的市场空间广阔。公司的固定翼蜂巢无人机项目已落地某市，根据合作协议，某市将提供厂房及研发大楼，年采购蜂巢无人机 5000 万元，总采购周期为三年。此外边海防局、林草局等也有明确订单需求。

三、投后进展

针对 LKK 公司的投资是建信北京联合兵装集团开展的战略性投资，对支持军工集团开展特品新域新质能力建设、积极布局无人机平台具有重大意义。投资完成后，建信北京积极通过兵装集团对 LKK 公司进行产业赋能。一是针对重大项目开展联合攻关，与兵装集团某厂开展合作。LKK 公司作为重要参与单位，承担飞行器平台的总体工作，目前项目已确认总体推进原则，先后通过线上、线下会议形式，对 W 型集群无人机和 Z 型集群无人机论证报告进行了五轮次研究分析，梳理了 W 型、Z 型集群无人机的典型任务流程、样例模板、关键因素汇总、软件功能拓展等工作，进行了潜在总体战技指标、单体战技指标的深度挖掘和疑难点的标注。后续，LKK 公司将以此为基础，参与重大型号的竞标。二是助力推动与军工集团厂所建立深度合作。在建信北京赋能协助下，LKK 公司与杭州智元院等单位开展了广泛、深度的合作，助力兵装集团提高科技创新力、产业控制力和安全支撑力。

四、总结思考

投资团队融合军工行业研究与投资经验得到如下心得。

（一）不断优化军工投资策略，提出军工投资"123"标准

军工项目研制周期普遍较长，从探索、预研、立项、方案论证到工程研制、定型试验、列装后订单产生，可能需要 5~10 年，甚至更长时间。民营企业从接触军工业务到获得收益需要很长时间。为了便于项目投资，我们对 240 多家军工上市公司和近三年上市民营军工公司进行研究，发现民营军工上市公司市值中位数约为 55 亿元，上市前一年公司收入中位数为 3.1

亿元、净利润中位数为 8400 万元，收入 1/4 位数为 2.3 亿元、净利润 1/4 位数为 7000 万元。按照科创板复合增长率 20% 的要求倒推，我们提出军工中后期投资的"123 标准"，即 1 亿元以上收入、2000 万元以上净利润、不超过 30 亿元估值。

（二）军工业绩波动明显，更青睐面向国内市场的企业

军工行业属于国家的必选消费，直接关系国防安全和国家安全。军工行业的走势取决于国际关系和地缘政治的总体态势，是国家战略和国家利益在军事领域的投射。一般而言，当冲突性事件预计会发生或突然发生时，军工行业都会有巨大的增长空间。但未来的冲突难以预料，军工行业也不可避免地存在波动性。相对于军贸市场而言，国内面对的安全问题是长期问题，长期看业绩增长的确定性更强，我们更倾向于投资面向国内供货的民营军工企业。

（三）军工业务信息不透明、投入大、周期长，需要思考并投资能够真正满足未来战争需求的装备

一方面，与其他行业相比，军工的可追踪指标少，处于保密要求下的不透明状态。另一方面，军工项目从探索预研到列装后订单产生，不确定性因素较多。在此过程中，在中间某个环节、某个阶段可能就夭折了，投资中要充分揭示被投企业的军工业务状态。大道至简，我们需要独立思考未来战争可能需要的装备，及时关注军事动态，关注技术发展方向，对未来可能的发展做出预判。同时，通过上市公司数据分析、实地调研多接触各种军工企业，对各行业情况进行实际了解，不断总结、不断提高。

（四）军品质量问题带来的业务风险大，需要关注企业产品质量的稳定性

军工企业产品质量关系着国防稳固的大局，关系着生命安危，关系着企业的生存发展。军工产品投入高、风险大、技术密集、系统复杂，在整个研制、生产过程中不允许出现一丝一毫的差错。一旦企业在经营中出现质量问题，将严格按照故障归零程序进行管理，严重影响企

业经营生产，甚至可能失去供货资格。为此，我们重点从以下三点关注企业军品质量状况：一是看公司历史业绩，观察公司产品的良品率；二是考察公司质量体系建设情况，从制度上保证产品质量；三是投后对公司不断调研，及时发现问题，与企业共同将问题消灭在萌芽状态。

（五）军品最终将采取低成本策略，需要关注企业管理问题

一方面，军民融合已经深度发展为国家战略。打破行业壁垒、推动军民资源互通共享是未来的发展趋势。未来军工领域不断开放，民营军工企业面临的竞争态势越来越激烈，装备需求在不断升级，需要不断更新装备迭代技术，同时要关注替代性技术和颠覆性技术的发展。另一方面，中国经济进入转型期，国防开支虽然是硬性支出，但更需要把真金白银花在刀刃上，军工产品定价不可能过高，企业经营也要不断提高效益，因此，企业要加强管理，以便"多快好省"地提供满足客户需求的质优价廉的产品。

（建信北京军工组：巩克壮

建信信托研究部：时宗洋）

GAS TURBINE

工业"动力心脏"领域国产替代的
缔造者

　　燃气轮机和航空发动机代表机械动力最高水平，是一个国家综合国力和科技实力的象征，直接关乎国家国防安全、能源安全和高质量发展。长期以来，欧美等发达国家一直将先进燃气轮机作为战略性产品对华禁运。当前，全球政治、经济格局复杂多变，百年变局加速演进，在大国地缘博弈和美持续推动逆全球化趋势下，脱钩断链的趋势愈演愈烈，作为工业"动力心脏"的燃气轮机产品、技术、产业链甚至维护维修服务将首当其冲。习近平总书记多次强调，关键核心技术是要不来、买不来、讨不来的，必须自主发展。只有将关键核心技术掌握在自己手中，坚持建链、延链、补链、强链^①，加快构建现代化产业体系，才能不断加强产业链、供应链稳定性和竞争力，才能从根本上保障国家安全和经济发展。在秉持金融助力科技自立自强和赋能实体经济高质量发展、持续推动"科技—产业—金融"良性循环的指导思想下，建信北京高端制造投资团队着眼燃气轮机对安全和发展的战略性意义，立足当前我国燃气轮机存在的"卡脖子"问题，在充分理解研判行业、技术、政策和专业团队综合能力基础上持续加大投资

---

① 　建链、延链、补链、强链，分别指建立产业链、延伸产业链、补充产业链和强化产业链。

力度赋能 GS 公司快速发展。本文将从投前深入研判、投中审慎把控、投后积极赋能和定期总结反思四个层面展开分析。

一、投研先行：深刻把握燃气轮机行业，筛选潜在投资标的

（一）行业背景：事关我国安全与发展，亟需强链、补链，突破"卡脖子"问题

1. 战略意义：燃气轮机作为工业"动力心脏"，事关国家安全和发展

燃气轮机事关国家安全和发展，必须实现自主发展和产业链安全。燃气轮机涉及高温、高压、高负荷，代表机械动力的最高水平，是一个国家综合国力和科技实力的象征。因先进燃气轮机直接关乎国家能源和国防安全，长期以来，主要发达国家将其作为战略性产业，对我国实行技术封锁，为此，必须通过自主发展实现"卡脖子"突破。

轻型燃气轮机因单机功率大、体积小、重量轻等优点获得广泛应用。燃气轮机分为轻型结构和重型结构，两者重量差数十倍。重型结构燃气轮机体型笨重，结构件一般采用传统金属材料，仅用于地面固定式发电；轻型结构燃气轮机体型轻巧，大量使用钛合金、高温合金等先进材料，适合移动环境使用，如舰船驱动、快速布置的应急电源和分布式能源。从功率大小来说，燃气轮机分大、中、小、微四类，大功率为 50 兆瓦以上，多为重型结构；中小功率在 1 兆瓦至 50 兆瓦之间，重型、轻型结构均有，航空发动机改型燃气轮机多在此功率区间；微型燃气轮机功率在 30 千瓦到 1 兆瓦之间，结构多为轻型。轻型燃气轮机由于其单机功率大、体积小、重量轻、启动加速快、操作维护性好等优点，获得越来越广泛的应用。**30 兆瓦级轻型燃气轮机是典型的军民融合产品，其中最成功的型号是通用的 LM2500 系列。**

燃气轮机被广泛应用在舰艇、能源电力等重要行业，具有极强的战略意义，亟须国产替代。在军事领域，因其与军舰动力系统性能要求十分吻合，成为各国军舰动力系统发展的重要且趋同的选择，通用的 LM2500 系列号称驱动了半个地球的海军。美国海军、

英国海军、日本海上自卫队的主力水面作战舰艇早已实现动力燃气轮机化。国内使用的 GT25000 舰用燃气轮机与国外先进舰船燃气轮机仍存在不小的差距。由于发达国家严格限制相关技术和产品输出，**海军迫切需要先进燃气轮机，以支撑水面舰艇大型化和全电化的需要**。在民用领域，30 兆瓦级燃气轮机是天然气管道增压和分布式能源发电的核心装备，目前国内在用的已经有 200 多台套，均为国外产品，维护维修价格极高，亟须进行国产替代。

2．产业链端：燃气轮机技术门槛高，供应链波及范围广，强链、补链带动作用强

燃气轮机涉及众多学科，技术门槛高。燃气轮机（Gas Turbine）是一种以连续流动的气体作为工质，把热能转换为机械能的旋转式动力机械。燃气轮机通常包含三个部分：压气机（Compressor）、燃烧室（Combustion Chamber）、涡轮（Turbine）。燃气轮机的工作过程是，压气机连续地吸入空气并将其压缩，燃气轮机增压比 [①] 可以高达 30∶1，压缩后的空气进入燃烧室，与喷入的燃料掺混后燃烧，燃料可以是液态的燃油，也可以是气态的燃气，燃烧后成为高温燃气，温度至少在 1200℃之上，随即流入涡轮中膨胀做功，推动涡轮叶轮带着压气机叶轮一起旋转；流经燃气涡轮的高温燃气仍有可观的做功能力，因而在带动压气机的同时，尚有余功作为燃气轮机的输出机械功，通常利用出口的高温高速燃气驱动一组多级的动力涡轮，提取机械功，带动其后的发电机或压缩机实现特定功能。燃气轮机技术属于高科技产品，涉及材料学、空气动力学、燃烧学、传热学、工程热力学、自动控制技术、先进制造技术等多种学科。燃气轮机关键技术包括压气机关键技术、燃烧室关键技术、透平关键技术、燃气轮机重要系统关键技术、燃气轮机材料关键技术（见表 1）。

[①]　燃气轮机增压比指压气机出口静压与周围大气压力之比。对于理想燃气轮机，增压比是影响其循环热效率的唯一变量，在实际燃气轮机中，增压比与加热比共同决定循环热效率。

表1　燃气轮机关键技术及工艺技术

关键技术	涉及内容
压气机关键技术	气动高负荷高效率设计；气动性能高稳定性设计；气动多级匹配设计；整机多级气动性能数值模拟与验证技术；转子结构与强度设计技术等
燃烧室关键技术	燃烧场组织设计与测试技术；火焰筒壁结构设计技术；喷嘴设计与测试技术；高温零部件冷却、防护、强度设计技术；低排放燃烧设计与试验技术；宽范围稳定燃烧设计与试验技术；燃烧场数值模拟与验证技术等
透平关键技术	动叶、导叶、轮盘空气冷却设计与试验技术；叶片蒸汽冷却设计与试验技术；叶片和轮盘的温度场、应力场与强度寿命分析和试验技术；掺混冷却气流的涡轮级性能分析设计技术；冷却叶片多物理场数值模拟与验证技术；转子结构与强度设计技术等
燃气轮机重要系统关键技术	冷却空气系统设计、性能分析和调试技术；控制系统先进调节部件、控制器和控制规律；起动系统技术；轴承和滑油系统技术等
燃气轮机材料关键技术	抗热腐蚀定向和单晶高温合金的研制；高温合金材料体系的完善；高温材料5000~10000小时近使役条件下性能测试；大尺寸铸件近使役条件下力学性能研究；大尺寸铸件抗氧化、抗热腐蚀性能研究等
燃气轮机工艺技术	复杂结构陶瓷型芯制造技术；高强抗热冲击陶瓷模壳制造技术；大尺寸定向结晶、单晶叶片定向凝固技术；高温透平叶片加工、焊接、热处理、检测等工艺；叶片涂层技术等

资料来源：根据公开资料整理。

　　燃气轮机产业链涉及范围广泛，中游加工制造环节是核心环节，价值量占比高（见图1）。燃气轮机产业链包括上游研发设计、中游加工制造和下游运营维护应用。上游研发设计主要涉及基础研究、子系统设计和整机集成设计。其中，基础研究及子系统设计参与主体有清华大学、

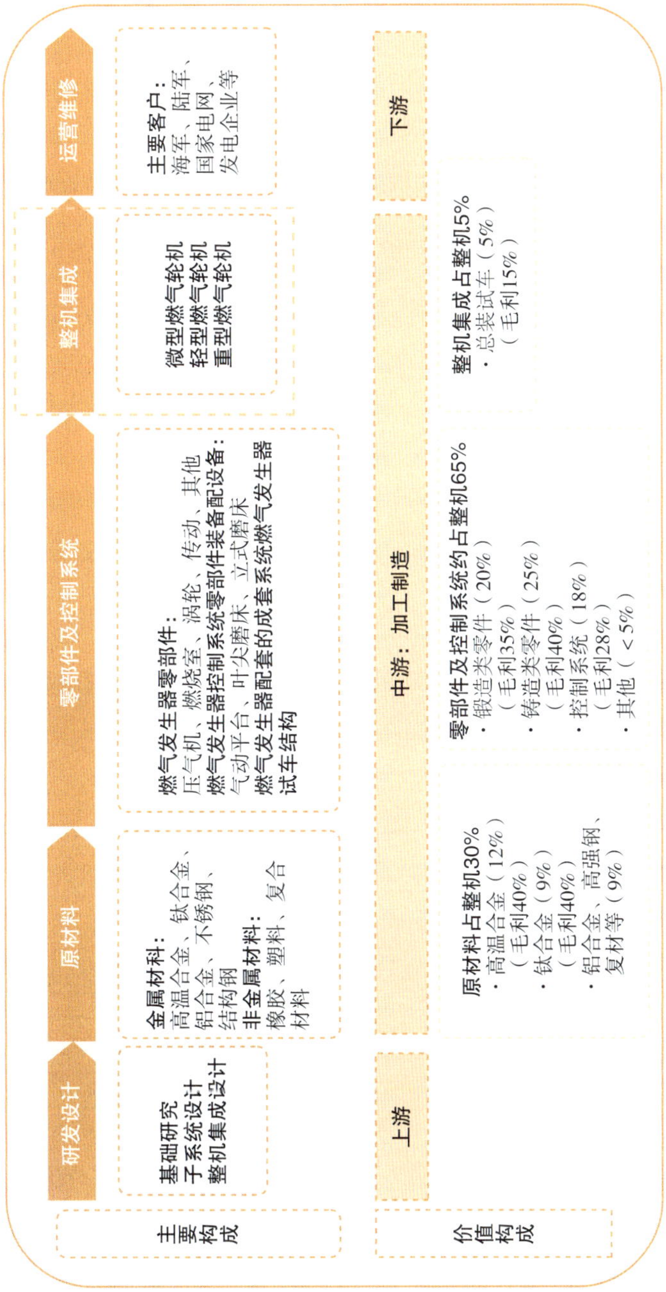

主要构成

| 研发设计 | 原材料 | 零部件及控制系统 | 整机集成 | 运营维修 |

研发设计
基础研究
子系统设计
整机集成设计

原材料
金属材料：高温合金、钛合金、铝合金、不锈钢、结构钢
非金属材料：橡胶、塑料、复合材料

零部件及控制系统
燃气发生器零部件：压气机、燃烧室、涡轮、传动、其他
燃气发生器控制系统零部件装备配设备：叶尖磨床、立式磨床
气动平台、燃气发生器配套的成套系统燃气发生器试车结构

整机集成
微型燃气轮机
轻型燃气轮机
重型燃气轮机

运营维修
主要客户：海军、陆军、国家电网、发电企业等

价值构成

| 上游 | 中游：加工制造 | 下游 |

上游
原材料占整机30%
· 高温合金（12%）
（毛利40%）
· 钛合金（9%）
（毛利40%）
· 铝合金、高强钢、复合材等（9%）

中游：加工制造
零部件及控制系统约占整机65%
· 锻造类零件（20%）
（毛利35%）
· 铸造类零件（25%）
（毛利40%）
· 控制系统（18%）
（毛利28%）
· 其他（<5%）

下游
整机集成占整机5%
· 总装试车（5%）
（毛利15%）

图 1　燃气轮机产业链及价值链示意

北京航空航天大学等大学以及中国科学院工程热物理所和中国航发北京航空材料研究院；整机集成设计参与主体包括中国科学院系（青岛中科国晟、中科航星等）、中船系（703 所）、航发系（中国航发燃气轮机有限公司等）、其他央企（哈尔滨电气等）、清华系（清航燃机等）及民营单位（华天动力）。**中游加工制造主要包括原材料、零部件及控制系统和整机集成三领域，是燃气轮机产业链及价值链的核心环节。**从价值构成角度来看，原材料占整机的 30%、零部件及控制系统占整机的 65%、整机集成占整机的 5%。下游运营维护应用主要涉及应用客户和维修维护主机厂，客户涉及陆军、海军、国家电网、发电企业等。例如，当前 30 兆瓦等级的燃气轮机应用方向包括天然气发电、天然气管道增压、大型水面舰艇驱动等，按照国际同等级别燃气轮机价格，30 兆瓦燃气轮机每台套售价约为 9000 万元人民币，单台套设备对应的中游环节价值量高。

3. 市场空间：燃气轮机价值量稳定增长，市场空间广阔

民用燃气轮机全球市场规模保持稳定增长。根据 Statista 数据平台的数据，其自 2015 年以来保持稳定增长，2020 年全球民用燃气轮机市场规模达到 225.4 亿美元，同比增长 3.49%（见图 2）。根据 Release Wire 数据，1~40 兆瓦级燃气轮机和 120 兆瓦以上重型燃气轮机的市场占比均各占 39%，市场需求度最高；而 40~120 兆瓦燃气轮机的市场份额仅占 22%。从应用领域结构来看，32% 市值的燃气轮机应用于发电行业，约 29% 市值应用于油气行业，其余 39% 则应用于载具等其他工业领域。根据前瞻产业研究院数据，预计 2021~2026 年，民用燃气轮机市场规模将继续保持稳定增长，复合年均增长率（Compound Annual Gravth Rate，CAGR）在 4% 左右。

30 兆瓦级轻型燃气轮机应用场景广泛，发展潜力巨大。燃气轮机从结构上可分为重型与轻型两类，从功率上可分为大、中、小、微等几类。其中，轻型燃气轮机，特别是 30 兆瓦级，由于单机功率大、体积小、重量轻、启动加速快、操作维护性好等优点，**在舰艇、坦克等军用**

图2　全球民用燃气轮机市场规模增长及预测

资料来源：根据前瞻产业研究院的数据整理。

领域，以及工业、能源等民用领域得到广泛应用，具有较大的发展潜力。按照国际同级别燃气轮机价格，30兆瓦燃气轮机每台套售价约为9000万元人民币，平均每年维修业务量800万元/台，目前市场已经拥有类似型号和结构的30兆瓦的燃气轮机约有200台，预计市场规模将会超过百亿。

　　我国海军强军建设的需求驱动，带来燃气轮机需求的稳定增长。建设强大海军是未来国防建设的重点之一。以航母战斗群为例，按照单个航母战斗群需要2艘导弹巡洋舰、2艘导弹驱逐舰、1艘护卫舰、2艘攻击核潜艇和2艘补给舰测算，保守估计海军中长期发展需要25艘万吨级舰艇。轻型燃气轮机作为大型水面舰艇的直接驱动或发电源动力，大型舰艇若以全燃联合动力方式（COGAG）匹配，一般采用2+2共4台燃机机组的模式，则有100台套的市场规模。

　　"3060"目标带来清洁能源、分布式发电装机规模和发电量的增长驱动。天然气发电装机容量不断增加，以及煤化工的发展促进焦炉煤气及合成气的科学应用，将会给燃气轮机带来广阔的市场需求，包括海上油气平台的分布式发电需求，保守估计未来十年将至少有 400 台套的市场规模。**未来天然气开发运输和应用的增长驱动持续带动轻型燃气轮机需求放量**。国家管网公司组建后正加快天然气管道建设，促进天然气的开发应用，在我国目前西气东输、中俄、中缅、中亚等 14 万公里天然气管道基础上，"十四五"期间将新增 10 万公里管道，预计将有至少 100 台套天然气管道压缩驱动用 30 兆瓦轻型燃气轮机需求。

4. 竞争格局：国际大厂垄断市场，国产替代需求强烈

全球燃气轮机市场主要被美国 GE、德国西门子、日本三菱日立等公司垄断。据 McCoy Power Reports 数据，2020 年上半年，**德国西门子获得的燃气轮机订单总功率为 4729 兆瓦，占比 29.7%；美国 GE 获得的燃气轮机订单总功率为 4404 兆瓦，占比 27.6%；日本三菱获得的燃气轮机订单总功率为 3479 兆瓦，占比 21.8%；意大利安萨尔多获得的燃气轮机订单（含部分原阿尔斯通产品线）总功率为 1980 兆瓦，占比 12.4%。4 家订单占比合计达 91.5%。**2020 年上半年，全球 10 兆瓦以上的燃气轮机订单总功率为 16.8G 兆瓦，比去年同期下降 21%，总订单台数为 173 台，上升了 2%。尽管疫情持续肆虐，但美国和欧洲的燃气轮机市场仍然表现强劲。与 2019 年上半年相比，中小型燃气轮机市场（10~100 兆瓦）的容量增长了 35%，订单数量增加了 25%。自 2015 年以来，市场最畅销的型号是美国 GE 的 LM/TM2500 和德国西门子 SGT-800 型燃气轮机。

我国燃气轮机自主研发进展显著，但仍与国际先进水平存在一定差距。国内燃气轮机以进口为主，为摆脱受制于人的现状，我国将燃气轮机与航空发动机并列作为国家科技重大专项（"两机专项"），中央和地方各级政府投入 3000 多亿元，国家发展改革委、能源、科技、工信等部门相继出台政策支持燃气轮机技术研发和产业发展。**目前国内还没有真正意义自主知识产权的燃气轮机商业化应用，主要以市场合作为主。300 兆瓦以上的大功率重型燃气轮机，主要有哈汽、上汽、东汽和新成立的"联合重燃"等公司**，瞄准美国 GE、

德国西门子、日本三菱日立、意大利安萨尔多等公司产品，开展合作和跟踪发展；中小功率轻型燃气轮机，主要有中国航发集团、中国船舶集团、中国科学院等单位发展，技术路线以轻型结构燃气轮机为主；此外，还有杭汽、南汽、青岛捷能等公司与国外企业合作生产中等功率的重型燃气轮机（见表2）。

表2　国内各型燃气轮机主要生产企业

重点机型	主要企业
大功率重型燃气轮机	哈汽、上汽、东汽和新成立的"联合重燃"等公司，瞄准美国 GE、德国西门子、日本三菱日立、意大利安萨尔多等公司产品，开展合作和跟踪发展
中小功率轻型燃气轮机	中国航发集团、中国船舶集团、中国科学院等单位，逆向拆解、自主研发、独立知识产权
中等功率重型燃气轮机	杭汽、南汽、青岛捷能等，与国外企业合作生产

资料来源：根据公开资料整理。

5. 技术势力：国内技术多线并进，GS 公司优势凸显

国内在研的 10~50 兆瓦级别中小功率燃气轮机项目中，同时包括重型和轻型轮机机组。经过多年发展，初步具备自主研制、测试和生产能力，但同类机型在主要性能指标上与国外仍存在较大差距。在国产 30 兆瓦级轻型燃气轮机方面，目前只有中船重工 703 所、航发集团燃气轮机公司和中国科学院工程热物理研究所（后文简称"工热所"）三家单位开展了型号研制（见表3）。综合比较下，中国科学院系 30 兆瓦燃气轮机在技术积累、产品技术路线和体制机制上具有一定的比较和竞争优势。

表 3　国内 30 兆瓦轻型燃气轮机主要研发单位研发进展情况

研发单位	研发进展情况
中国科学院工程热物理研究所	从 30 兆瓦整机布局和各单元体设计上，全面实现高效气动设计、紧凑及简洁结构设计，并同时保证整机系统的高运行寿命和高可靠性，对标国际上成熟型号，与美国 GE 公司和德国西门子公司等国外公司的燃气轮机产品相比，产品性能与其相当，存在一定的地域优势
中船重工 703 所	主研机型 GT25000 为 1994 年我国从乌克兰引进，经过不断测试、试运营并进行技术完善，已在我国西气东输管线的广南线梧州压气站成功投产运行，其额定功率为 26.7 兆瓦，效率为 36.5% GT25000 的实际热效率与 LM2500+ 和 MT30 等先进机型有 2% 以上的差距，导致耗油率高。而且，该机在引进中国之前未进行过商业发电应用或舰船装备
航发集团燃气轮机公司	依托中航发 606 所研究积累，在间冷循环燃气轮机研发领域上后来居上，但其间冷回热系统体积大、造价高，在市场竞争上存在一定劣势

资料来源：根据公开资料整理。

（二）公司背景：团队技术经验优势明显，具备深入跟踪条件

1. 团队优势：聚焦轻型燃气轮机能源动力研制应用，具备显著团队及专业优势

GS 公司瞄准轻型燃气轮机在能源动力领域的重大需求，解决重大技术装备的"卡脖子"问题，主要开展分布式能源发电、舰船驱动、大型压缩机（泵）、海上油气平台等军民两用燃气轮机的研发、部件试验、整机装配生产、整机试车调试、整机销售及维护服务，是典型的军民融合高端装备制造企业。

GS 公司依托工热所在 30 兆瓦燃气轮机研发中的人才和经验积累，核心团队由工热所专家、公司引进专家、外聘专家构成。团队在行业内有丰富的产品经验、广泛的产业链资源，对燃气轮机研制项目有深刻的理解和把握，同时具备高效灵活的协同创新工作模式，这为 30 兆瓦燃气轮机研制的试车成功和未来的定型及市场化成功奠定坚实基础。GS 公司总经理在中航工业发动机主机厂所工作 30 年，负责航空发动机 / 燃气轮机设计研发、型号研制和技术管理，具有丰富的理论、研发和工程实践能力和经验，具有很强的行业影响力。

2. 技术优势：掌握全流程系统设计研发能力，带动产业链发展，持续提升国产化率

GS 公司处于国内燃气轮机行业的塔尖地位，掌握多项核心技术及专利，产品工程化落地能力强。GS 公司是整机制造商，主要产品是 30 兆瓦到 40 兆瓦量级的工业燃气轮机和其后的动力涡轮以及配套设备，包括控制系统。目前，GS 公司已初步完成 30 兆瓦燃气轮机的研制。在此过程中公司逐渐掌握并验证多项研制能力，获得合作客户、供应商及评审专家的高度认可。形成的核心技术包括：从原型机研制到试车的全流程正向设计研发能力、压气机转 / 静子、燃烧室、燃气涡轮转子 / 导向器、压气机前 / 后框架、涡轮中框架、动力涡轮转子 / 静子、二次空气系统、滑油系统、传动系统、起动系统、燃料系统、燃机控制系统等全系统自主设计研发能力。

通过自主研发及联合研发持续实现重要零部件国产替代，提升整机国产化率，牵引带动相关产业链发展壮大。GS 公司在完全自主研制的控制系统下，已成功实现 1 号验证机的步进式试车，包括满负荷运转。已完成总装的 2 号验证机国产化率达到 95%，其中，整机的控制系统全部是自主开发，仅在几处重要零件，还在使用进口，如轴承，但已对此开展与洛轴的联合研发替代。同时，在公司总体牵引带动下目前已形成多达 90 余家的供应链配套企业，其中，以航发系统内企业为主，也有无锡航亚、无锡透平、应流股份、豪迈科技等大量配套的民营企业。

3. 试运行进度：样机产品试运行稳定，产品鉴定顺利通过

样机产品试运行测试稳定开展，为产品顺利通过鉴定奠定基础。自 2021 年 001 号机试车成功以来，先后分别在济南能源岛试验基地、利源焦化分布式电站、新疆西气东输库尔勒孔

雀河压气站和 GS 公司厂区燃气轮机试验电站持续进行稳定运行测试，预计 2023 年底将完成 4000 小时考核试验，此后便可以进入鉴定和销售状态。

二、决策过程：兼顾经济社会产业价值，实现收益与风险的平衡

（一）初见倾心：优质项目和优秀团队需要投资人的专业理解

航空航天是投资团队持续重点关注的领域之一。2021 年，项目组从合作方了解到 GS 公司深耕燃气轮机设计研发领域多年，已取得一定进展。项目团队在重点跟进推动下，通过坦诚深入的沟通交流和前期对行业大量的研究学习和理解，被 GS 公司的特质和亮点吸引了。

1. 道阳且长，行则将至

燃气轮机是工业皇冠上的明珠，是工业的"动力心脏"，与芯片一起并称为我国的两大"心脏病问题"，我们国家使用的大多数燃气轮机均来自国外巨头，如美国 GE、英国罗罗等，如何为我国的工业体系换上中国心至关重要。由于技术难度极高，所以参与者凤毛麟角。GS 公司所做的事情就是在百年变局下解决现代化产业体系安全性的问题，如果能成功，对于国家发展的意义是非凡的，现在已依稀可见成功的星星之火。此外，公司作为"链长"企业，逐渐显现很强的行业带动和辐射效用，在供应链管理上展现出超出很多大型国企的水准，具有强大的市场化运营能力。

2. "出身"名门，深耕不辍

依托中国科学院专家团队，理论扎实、技术经验积淀深厚。 公司核心团队由中国科学院工程热物理研究所专家、公司引进专家、外聘专家构成，技术实力雄厚。中国科学院工程热物理研究所前身是吴仲华先生 1956 年创建的中国科学院动力研究室，目前已经建设成为以"动力与电气工程"和"能源科学技术"并举的战略高技术研究所。GS 公司主要研发人员所在团队为工热所旗下先进燃气轮机实验室，研究方向为以舰船与工业用中等功率等级轻型燃气轮机

产品研制与应用为导向，开展燃气轮机相关基础研究、关键技术研发、系统集成创新、产品研制与应用示范。多年来，团队深耕燃气轮机领域，依托对行业的深入理解，持续推动燃气轮机国产化工作。

3. 跬步千里，厚积薄发

GS 公司业务开展扎实，样机试运行和产品鉴定进展明显，符合预期。GS 公司自 2017 年成立以来，专注于 30 兆瓦级先进燃气轮机研发，到 2021 年，已经完成样机试车，各项测试指标达到项目任务书要求，取得了阶段性成果。2021 年以来，GS 公司先后完成 001 号机成功试车，并在济南能源岛试验基地、利源焦化分布式电站、新疆西气东输库尔勒孔雀河压气站和 GS 公司厂区持续进行燃气轮机稳定运行测试，预计到 2023 年底将完成 4000 小时考核试验。2022 年 9 月，TG30 燃气发生器在国家管网压缩机组维检修中心通过鉴定试车，整机各项技术指标满足管道压缩驱动要求，已达到美国 GE 的 LM2500+ 效率等核心指标，同月，002 号机整机通过中国航空学会出厂鉴定评审（见图 3），并获得多位院士专家一致认可。

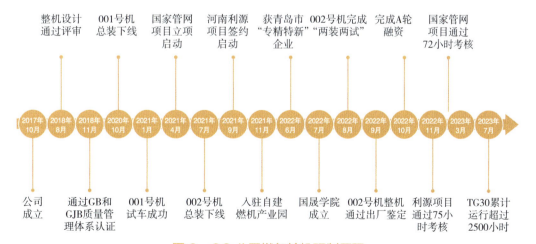

图 3　GS 公司燃气轮机研制历程

（二）去伪存真："卡脖子"攻关始于初心使命，贵在潜心研发，成于落地见效

　　1. 初心使命：涉及安全和发展，战略意义重大，亟须突破实现国产替代

作为"两机"重点专项，燃气轮机和航空发动机本质相同，是一国综合国力、科技研发、工程制造等能力的综合体现。世界上仅有联合国五常（中、美、俄、法、英）和德、意、日有能力发展燃气轮机和航空发动机（二战后，德、意、日没有独立发展航空发动机整机）。我国整体情况最为落后，只基本解决"能用"，还远未解决"好用"，对"两机"的需求明确而迫切。但由于技术封锁，国外先进技术"买不来、要不来、讨不来"，"卡脖子"现象十分突出。一旦在轻型燃气轮机研发生产领域取得突破，必将大幅提升我国燃气轮机整体水平，有力赶超欧美先进技术，同时在军民融合领域的应用推广都将带来广泛而深远的影响。

轻型燃气轮机，特别是 30 兆瓦级，作为核心设备，在分布式能源发电、输气管道加压、海上钻井、舰船驱动等领域均具有广泛的应用。以输气为例，在我国已建成 12 万公里的天然气管网中，共使用了 220 余台 30 兆瓦燃气轮机为天然气增压，其中美国 GE 的 LM2500+保有量 170 余台，其余为英国罗罗的 RB211-24G 燃气轮机，国产机组目前仅有 6 台GT25000 用于管路增压，与美国 GE 和英国罗罗的产品相比劣势明显。受国际政治经济关系影响，不仅增量设备的采购面临难以为继的风险，存量设备的检修运维也难以获得充分保障。且由于现有国产机组可替代性较差，国外厂商基本处于垄断地位，后续运维费用十分高昂，严重增加了下游企业经营负担。如果国产 30 兆瓦燃气轮机实现稳定运行和商业化生产，将根本改变现有市场格局，引入有效竞争，显著降低下游企业成本和负担。

　　2. 潜心研发：团队技术势力超群、整机设计和集成能力顶尖

GS 公司团队带头人是唯一既在设计所做过总设计师又在主机厂做过总工程师的专家，其专业能力深受业内认可；GS 公司副总经理组织建设了中国石油管道燃压机组维检修中心（负责维修 LM2500），其丰富的燃机拆装和试车经验，加速 GS 公司燃机的研制步伐；合作单位

工热所为 GS 公司燃机研制提供底层科研支持和研究成果转化。其他技术人员分别在设计、工艺和工程、应用、底层基础科研几个领域紧密配合，辅以质量把控和售后服务专家，为 30 兆瓦燃机研制的试车成功和未来的定型及市场化成功奠定坚实基础。

目前，国产 30 兆瓦级轻型燃气轮机主要有**两条技术路线：以美国 GE 的 LM2500 系列为原型的路线，以及以苏联 GT25000 为原型的路线。**美国 GE 的 LM2500 系列在世界范围广泛应用，技术先进性毋庸置疑。根据公开资料，目前国内主要有中船重工 703 所、航发集团燃气轮机公司和 GS 公司三家单位开展型号研制，其中，703 所的 GT25000 近年来在能源和工业驱动领域得到推广应用，但由于型号设计原因，仍有一些问题尚需解决；中航发 606 所间冷循环燃气轮机的研发后来居上，但其间冷回热系统体积大、造价高；GS 公司依托工热所，技术上对标 LM2500+，在技术积累和型号预研经验上优势明显，是国内少有的具备该型号独立设计和整机集成生产能力的企业，已完成国产机组研制。

3. 高效落地：技术和产品在持续试运行中获得验证，预期获院士专家鉴定认可

与 2017 年设立时相比，GS 公司的燃气轮机研发已经取得重大突破，仅用 3 年多时间便完成 001 号燃气轮机的成功试车和 002 号燃气轮机的顺利总装，002 号燃气轮机的国产化率已达到 95% 以上，003 号和 004 号燃气轮机的关键零部件已经投产，企业发展的基础更加扎实。2022 年 9 月，TG30 燃气发生器在国家管网压缩机组维检修中心通过鉴定试车，整机各项技术指标满足管道压缩驱动要求，已达到美国 GE 的 LM2500+ 效率等核心指标。同月，GS 公司的整机顺利通过出厂鉴定评审，获得多位院士专家一致认可，进一步证明了公司技术产品化落地的高效。

（三）知易行难：投资如同修行，在成功退出前始终做好应对风险的准备

企业虽早在 2017 年就已成立，但燃气轮机研发的高难度意味着企业距产品成熟和商业盈利尚且遥远。而且，行业投入高，一旦失败，意味着高额的沉没成本。对于此类企业，项目组一直慎之又慎，将尽调做到细致入微。随着尽调过程的深入，项目团队一方面依托对行业和相关技术的理解对企业进行评估，同时在与企业专家的沟通中学习新的知识，进一步完善我们对行业和相关技术的理解。

然而，投资的修行之路总会在不经意之处起波澜。随着项目推进，原先的领投方出现无法投资的情况，项目面临僵局，由于企业尚处于研发阶段，如果无法获得融资，意味着企业可能无法继续经营下去，我们也将失去一次陪伴我国燃气轮机实现国产突破和重塑产业关键核心技术的机遇。此后，经过我们团队、公司多轮讨论、慎重评估，最终决定我司作为领投方推动此次投资继续运行。GS 公司也并未让机构投资人失望，同年多项试运行测试持续稳定运行，到 2023 年底将达到稳定运行 4000 小时的条件，同时也于 2022 年 9 月获得整机鉴定通过的成绩，为后续产品定型和商业化奠定基础。

回头来看，对于行业专业的理解是我们敢于投资的底气。作为国有金融机构，服务实体经济、服务科技成果转化、服务重大专项也是我们应有的担当。

三、投后赋能：尽己所能，陪伴成长，实现共赢

（一）投资在前，赋能在后

对于专业投资机构，投资决策很重要，投后赋能更重要。科学家组成的团队在技术方面有很深造诣，但是在管理、市场和融资方面可能缺少专业化的人才，作为投资机构，我们在这些方面持续为企业赋能，包括推动建立标准规划的管理制度，帮助引进市场化的人才，推荐上下游潜在合作伙伴。如果你想推动什么，就要改变什么。改变通常伴随阵痛，但是这也是蜕变所必须要经历的过程。

（二）赋能陪伴，共塑成长

投资最大的乐趣，是看到企业不断成长，而且是超预期的成长。2023 年 7 月 16 日上午，

GS 公司燃气轮机产业园建成发布会举行。产业园顺利建成启用，标志着该项目已具备 30 兆瓦燃气轮机设计研发、整机装配、试验试车、运维和技术服务全链条核心能力。

"自主研制燃气轮机是工程热物理研究所几十年来的一个梦想。我们坚持自主创新，成功完成了 30 兆瓦燃气轮机的开发，同时完成了产业园区建设，具备了燃气轮机装配和整机试车的能力。"中国科学院工程热物理研究所所长 A 感慨道。当天，中国科学院和中国工程院多位院士专家以及来自中国航发、中国船舶等单位的专家和企业代表出席了发布会，见证了我国燃气轮机产业的又一突破。

（三）链长突破，引领产业

经过近六年的不懈努力，GS 公司实现了山东省燃气轮机产业从无到有的突破。公司主打产品 30 兆瓦级燃气轮机天然气管道压缩驱动型已稳定运行 1600 多小时。目前 2 万多平方米的装配分解厂房、联合厂房等已建成投入使用，产能达到 20 台 / 年。同时，GS 公司不断健全燃气轮机产业链，牵头成立山东燃机产业技术研究院、青岛燃气轮机协同创新中心，聚集 6 家配套企业落地古镇口核心区，培养了 16 家山东省供应商企业，切实发挥着产业链长牵引带动强链、补链的关键作用。

四、总结思考

投资企业是一个与企业共同成长的过程，一方面我们用自己的尺子衡量企业，同时也在与企业的交互中不断修正自己的尺子。

第一，作为国有大型投资机构，如何将投资与服务实体经济紧密结合是需要持续探索的课题。国家强调建设现代化产业体系，这个体系的要求又是什么，我们的理解是，安全性、完整性、先进性是现代化产业体系的要求。所以，在投资之前，总是需要反复思考我们所投资的领域是否符合现代化产业体系的要求。

　　第二，企业是有生命的，是有品格的，一个好的团队不仅是在技术方面的领先一筹，更是将多方力量拧成一股绳，带领大家一起奔向共赢目标的舵手。这样的企业是长期合作的前提。

　　第三，投资不仅是从窗外看窗内的过程，更是融合与发展的过程，任何时候不做预设，不带偏见，用脚丈量产业地图，客观地看待问题，用发自内心的好奇心探索新事物，走到无人走过的地方，用专业能力和实事求是的精神开拓进取。

（建信北京高端制造组：于永恒、谷琳

建信信托研究部：时宗洋）

ZCH 公司

另辟蹊径的新型长时储能
路线开拓者

　　储能的核心是实现能量在时间和空间上的移动，本质上是让能量更加可控。储能的应用可以让分布式的发电源更加"优质"，让整个电力系统更加灵活。在全球能源转型升级的大背景下，储能作为有效保障电网稳定运行的系统，越来越得到各国青睐。长时储能的应用有效提高风光发电的消纳能力与电网的灵活性，能够更好地实现电力平移，提升电力峰谷套利能力。长时储能发展趋势向好，逐渐受到产业端、投资端关注。

一、投资背景：长时储能是碳中和时代的必然选择

　　高比例新能源装机所带来的随机性、波动性、间歇性，给电力系统安全稳定运行带来前所未有的挑战，储能是新型电力系统的必备关键环节。根据中关村储能产业技术联盟（China Energy Storage Allance，简称 CNESA）的数据，2021 年以前全球每年的储能新增装机规模基本维持在 6 吉瓦左右，而 2021 年和 2022 年新增装机达到 15.4 吉瓦和 30.7 吉瓦，同比分别增长 136.9% 和 99.4%，连续两年迎来增速 100% 左右的大幅增长。机械储能、电化学储能、热储能以及氢储能等储能技术路线如雨后春笋般迅猛发展。在多元化新型储能技术快速发展的当下，机械储能中的细分领域压缩空气储能，因

为规模大、效率高、成本低、环保清洁，逐步成为最具潜力的大规模长时储能技术路线之一。

（一）长时储能的发展缘起

近年来，碳中和、能源安全驱动全球新能源（风电、光伏等）发电装机高速增长，其装机占比正已超过传统火电机组，给电力系统稳定性带来外部和内部两个方面的影响。

外部影响是风、光发电出电力的波动性、随机性和间歇性造成电力总供给的波动性增强，而电力总负荷需求波动性较小，导致电力供需不平衡问题凸显，扰动增加。例如著名的美国加州电网净负荷（Net Demand）"鸭型净负荷曲线"，显示了从传统火电厂侧观察的一天内加州电网净负荷变化规律，其中定义电网净负荷为区域内电力总负荷（需求）减去区域内新能源发电出力（新能源供给）。当区域内无新能源出力时，通常总负荷曲线如图 1 灰色曲线所示，在上午 11 时和下午 8 时分别达到极大值，符合区域内人群的工作生活规律。然而在过去的十年中，加州太阳能发电量增长了约 13 吉瓦，中午时段光伏发电功率大增，使得区域内的净负荷出现一个"深谷"，而到傍晚太阳落山，光伏发电功率急剧下降，此时电力需求却急剧上升，需要火电功率紧急提升，因而加州净负荷呈现了"背部低、脖子长"的鸭型特征，电网控制难度显著加大。

内部影响是风电、光伏等新能源通过电力电子变流器接入电网，由于其外特性为跟随电网电压频率及相位的锁相同步电流源[①]，总体来看，风光发电装机占比的提升使得电力系统的广义转动惯量水平下降，减弱了电力系统抵御外部扰动的能力。以动力系统中的阻尼振荡来类比，当动力系统中的惯量足够大时，施加扰动后系统将呈过阻尼振荡，迅速回归稳态；当动力系统中的转动惯量不足时，施加相同扰动后，系统可能出现欠阻尼振荡，难以回归稳态。

---

① 迟永宁：《新型电力系统构建的关键技术问题与储能技术的系统价值》，2023 年 5 月。

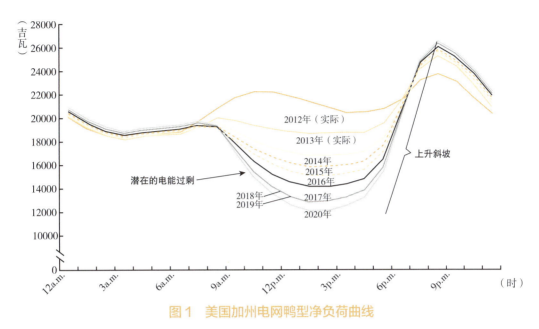

图 1　美国加州电网鸭型净负荷曲线

资料来源：California Independent System Operator。

研究表明，电力系统在新能源的接入容量和出力占比达到一定规模时，系统运行所面临的安全稳定风险将显著上升，系统频率和电压安全问题尤为突出。提升高比例新能源渗透电网的稳定性，一言以蔽之，就是要增加电力系统中的可控资源——长时储能。

美国能源部将长时储能定义为"至少连续运行 10 小时，使用寿命 15~20 年的储能系统"；国内一般将大于 4 小时的储能称之为长时储能。相较于短时储能，长时储能系统可更好地实现电力平移，解决高比例新能源渗透造成的类似于加州电网"鸭型净负荷曲线"的问题，在增强储电能力、保障电力系统调峰和稳定运行以及极端情况电力补充方面发挥着重要作用。在持续推进碳中和背景下，长时储能系统是实现"双碳"目标的关键之一。

长时储能作为预期可以实现长期存储能源并经济地维持数小时、数天乃至数周电力供应的技术方案，逐渐成为调控高比例可再生能源电力系统困境的解决方案并走向落地应用。根据全球能源互联网发展合作组织预测，到 2050 年长时储能储电量将占到全部储能储电量的 95%（见图 2），成为提供能量调节能力的重要手段。

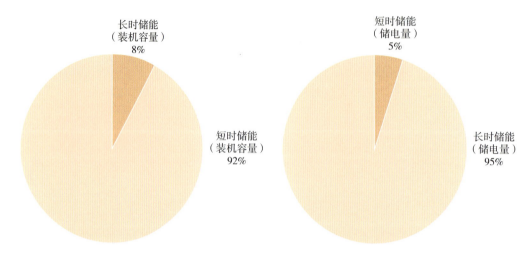

长时储能
（装机容量）
8%

短时储能
（装机容量）
92%

短时储能
（储电量）
5%

长时储能
（储电量）
95%

图 2　2050 年全球储能需求

（二）长时储能领域的多能生态

长时储能市场的规模方面，麦肯锡预计，长时储能的潜在市场空间将从 2025 年开始大规模增长（见图 3）。2025 年长时储能全球累计装机量将达到 30~40 吉瓦（对应储能容量约 1 太瓦时），累计投资额约 500 亿美元；2030 年长时储能累计装机量将达到 150~400 吉瓦（对应储能容量 5~10 太瓦时），累计投资规模将达到 2000 亿 ~5000 亿美元。到 2040 年，长时储能累计装机量将加速达到 1.5~2.5 太瓦（对应储能容量 85~140 太瓦时），是目前全球储能系统装机量的 8~15 倍，累计投资额将达到 1.5 万亿 ~3 万亿美元。

根据国家发改委、国家能源局联合发布的《关于加快推动新型储能发展的指导意见》，其制定的目标，到 2025 年新型储能装机容量规模将达 30 吉瓦以上，目前的装机量与之相比仍

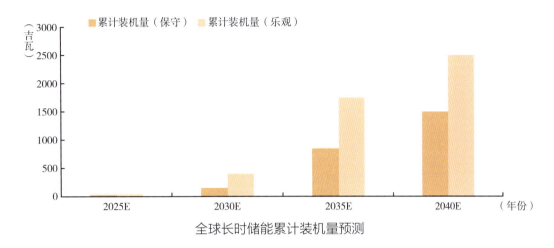

全球长时储能累计装机量预测

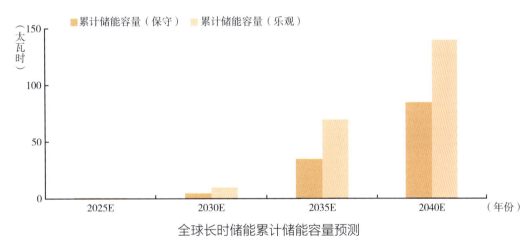

全球长时储能累计储能容量预测

图 3　全球长时储能累计装机量和储能容量预测

资料来源：麦肯锡：Net-zero power: Long duration energy storage for a renewable grid。

有巨大的增量空间。

据 CNESA 数据，2021 年我国新型储能累计装机规模为 5.73 吉瓦。据 CNESA 的预测，在保守场景下，到 2026 年新型储能累计规模达到 48.5 吉瓦，2021~2026 年的复合年均增长率为 53.3%；理想场景下，累计装机量将达到 79.5 吉瓦，2021~2026 年的复合年均增长率为 69.2%。

技术路线方面，现阶段，长时储能仍处于前期探索阶段，根据技术不同，可分为机械式、储热式、化学方式和电化学方式。机械式中最常见的是抽水蓄能，技术较成熟、成本低、效率高，是目前全球占比最高的储能选择。热储能技术以热能的形式储存电能或热能。放电循环中，热量被传递给流体，通过热力发动机提供动力，并将电力释放回系统。这类技术主要聚焦于如何高效且经济地将热量转化为电力。化学储能领域主要关注氢气储能，氢气发挥的作用取决于氢气在整个经济领域中的采用程度，以及未来氢气生产、运输和储存的成本。电化学储能能量密度通常比机械储能和储热系统高，但比氢储能要低。电化学储能由于占地空间小、不受地理环境和资源限制等特点成为一种通用且高度可拓展的技术，其应用领域涵盖发电厂到住宅等多种场景（见表 1）。

虽然抽水蓄能技术最为成熟，但其选址受限于地理资源、水利建设、防汛防洪、电网规划、行政区划等诸多因素，可用资源有限；考虑到现有储能缺口已达 90 吉瓦，则年均储能建设缺口仍有 20 吉瓦，这部分缺口必须依赖抽水蓄能之外的新型储能，压缩空气储能技术凭借能够兼具单机功率大（可达 100 兆瓦级以上）、储能周期长（通常 4 小时以上）、使用寿命长、安全性好、每度电成本低、已实现商业化运行等优点，成为抽水蓄能技术的最佳替代方案。

（三）压缩空气储能的优劣势

压缩空气储能技术是从 20 世纪 50 年代发展起来的，在我国之前，世界上有两个商业运行的压缩空气储能电站，分别是德国的 Huntorf 电站、美国的 Mcintosh 电站，它们均为带有燃烧室和洞穴储气室的传统压缩空气储能系统。用电低谷时，多余的电能带动电动机和压缩机将空气压入地下储存室，用电高峰时，压缩空气进入燃烧室与燃料混合燃烧产生高温高压燃气带动膨胀机和发电机发电。

表 1　长时储能技术路线对比

方式	适用条件	装机规模	响应时间	循环次数/寿命	效率	应用场景	单位投资成本	度电成本	产业化进展
抽水蓄能	长时储能 0~15小时	1200兆瓦	分钟级	坝体100年，设备40~60年	76%	调峰 调频 黑启动	每瓦时 5.5~7.0元 / 每瓦时 1.2~1.4元	每千瓦时 0.2~0.3元	商用
压缩空气	长时储能 4~24小时	100兆瓦以上	分钟级	30年以上	50%~70%（绝热系统）	调峰 备用 黑启动	每千瓦时 5~8元 / 每千瓦时 1.2~1.6元	每千瓦时 0.3~0.5元	商用
锂离子电池	最好在1~4小时，长时储能也可	—	百毫秒级	超5000次	88%以上	水力、火力、风力 太阳能电站 电动能汽车 军事装备 航空航天	每瓦时 0.9~1.3元 （每吨碳酸锂25万元）	每千瓦时 0.4~0.8元	商用
全钒液流电池	长时储能 4~25小时	100兆瓦	百毫秒级	20000次	70%~80%	大规模储能项目	每瓦时 3~3.8元 / 每吨时15万元 每瓦时1.2元	每千瓦时 0.5~1.0元	试点 商用初期

续表

方式	适用条件	装机规模	响应时间	循环次数/寿命	效率	应用场景	单位投资成本	度电成本	产业化进展
熔盐储能	长时储能200小时	420兆瓦	小时级	20~30年	70%	工业窑炉 电采暖 居民采暖 光热发电	每瓦时3元	光热：每千瓦时约0.886元 储热：每千瓦时0.035~0.05元	研发 试点
钠离子电池	最好在1~4小时，长时储能也可	—	百毫秒级	4000~6000次	80%以上	储能电池 低速电动车	每瓦时0.9~1.2元	每千瓦时0.67~0.88元	研发 试点
铁铬液流电池	长时储能4~25小时	10兆瓦	百毫秒级	10000次以上	70%~80%	储能项目	—	每千瓦时0.4元	试点
氢储能	长时储能可达数百小时	200兆瓦	分钟级	10000小时	电解水：65%~75% 燃料电池：55%~60%	新能源消纳 削峰填谷 备用电源	每瓦时10~13元	每千瓦时1元以上	试点

资料来源：根据国际能源网、中国科学院工程热物理研究所、长时储能委员会、CNESA、36氪研究所、国海证券研究所发布的资料整理。

可以看出，传统压缩空气储能系统依赖于化石燃料和大型储气室，且系统效率较低（较高效率的美国 Mcintosh 电站能量效率约 54%），其发展和应用受到限制。基于此，国内外学者在传统压缩空气储能的基础上，通过采用优化热力循环、改变工质或其状态、与其他技术（包括储能技术）互补等方法，开拓出了多种新型的压缩空气储能技术，使其得到迅速发展，并得到产业界的广泛关注。

其中，蓄热式压缩控制储能系统（TS-CAES）发展最为成熟，其原理见图 4。空气压缩过程会产生压缩热，在传统压缩空气储能中，这部分热量通常被冷却水带走，最终耗散掉，而 TS-CAES 则将这部分热量在储能时储存起来，而在释能时用这部分热量加热膨胀机入口空气，实现能量的回收利用，提高了系统效率。同时由于膨胀机前有压缩热的加热，可以取消燃烧室，即该系统也摆脱了对化石燃料的依赖。当存在太阳能热、工业余热等外界热源时，膨胀机入口空气还可进一步地被加热，提高系统效率和能量密度，其理论储能效率可大幅提高至 70% 以上。由于压缩空气储能电站初期投资成本较高，和抽水蓄能类似，只有做到接近 70% 的效率和保持 20 年以上的寿命，才具有商业应用价值。该系统工作流程简单，目前受到了较多国内外学者的关注和研究。而该系统缺点在于增加了多级换热及储热，使系统占地面积和投资有所增加。

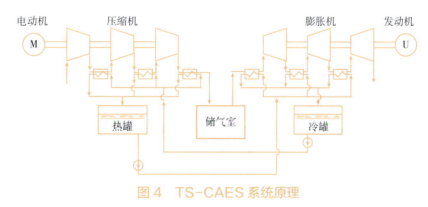

图 4　TS-CAES 系统原理

资料来源：自主整理。

产业链方面，压缩空气储能产业链上游为储气场所（盐穴等）和装置、核心设备（膨胀机、压缩机、换热器等）等提供商，中游为储能系统及整套技术方案提供方和 EPC 承建方，下游为新能源电站、储能电站等运营方（见图 5）。

图 5　压缩空气储能产业链示意

资料来源：自主整理。

1. 与抽水蓄能的对比

目前，在国际上，已实现大规模商业应用（100 兆瓦级）的有抽水蓄能和压缩空气储能等。抽水蓄能技术是目前最成熟的储能技术，具有容量大、寿命长、成本低等优点，但抽水蓄能技术对于地理条件有严格的限制，还具有投资大、建设周期长、移民搬迁及生态环境破坏等问题，特别是在我国水力资源和风能、太阳能资源存在地域错位的背景下，其应用受到了一定限制。预计到 2050 年我国储能装机将达电力总装机的 10%~15%，将超过抽水蓄能的可开发容量的 2 倍以上，即便抽水蓄能市场容量达到饱和，也不能完全满足市场需求。因此发展抽水蓄能外的其他大规模储能技术势在必行。我国压缩空气储能技术研发起步较晚，但发展很快。传统压缩空气储能具有容量大、寿命长、成本低等优点，但存在依赖化石燃料、地理条件限制的问题；中国科学院工程热物理研究所研发的新型压缩空气储能技术没有地理条件的限制，不需要燃烧化石燃料，具有储能容量大、储能周期长、寿命长、成本低等优点，被认为是最具有广阔发展前景的大规模储能技术。

压缩空气储能与抽水蓄能相比，两者单位成本基本相当，未来压缩空气储能大规模产业化后成本会进一步降低；目前已建成的 1.5 兆瓦和 10 兆瓦先进压缩空气储能系统效率分别为 52.1% 和 60% 左右，100 兆瓦系统效率达到 70%，与抽水蓄能效率基本相当；压缩空气储能系统的建设周期为 1~2 年，低于抽水蓄能 5~8 年的建设周期；压缩空气储能占地面积小于抽水蓄能，且不涉及移民搬迁和生态环境破坏问题；相比抽水蓄能，先进压缩空气储能没有对地理条件的限制，应用范围更广，使用更加灵活。但目前压缩空气储能技术相对不如抽水蓄能技术成熟，单机规模也小于抽水蓄能系统。

2．与电化学储能的对比

压缩空气储能及化学电池的技术特点迥异，适合不同的应用方式。锂电池为化学储能的代表技术与压缩空气储能相比各有千秋，但具备一定优势。

规模方面，压缩空气储能单机已达到百兆瓦级规模，传统压缩空气储能系统最大单机规模为 321 兆瓦，新型压缩空气储能首套百兆瓦级示范系统已并网；锂电池目前主要为十兆瓦级，单休项目尚未达到 100 兆瓦级。从系统规模来讲，压缩空气储能有优势。

寿命方面，压缩空气储能系大规模物理型储能，全部设备均为机械设备，没有任何化学反应，其系统寿命受发电小时数影响为主，设计寿命为 30 年以上，运行过程中通过定期检修、维护，实际寿命可达 30~50 年。锂电池系统寿命一般按照循环次数核定，目前商业运行一般认可的循环寿命为 3000 次左右，用于电力储能为 5~10 年，距离压缩空气储能等物理储能技术还有较大差距。

成本方面，压缩空气储能等物理储能技术，单机规模越大，成本越低。目前，百兆瓦级压缩空气储能系统产业化后的单位成本为每千瓦 1000~1250 元，同抽水蓄能相当。锂电池储能系统单位成本为每千瓦 1500~2500 元，高于压缩空气储能系统。

安全性方面，压缩空气储能系统储存介质为不可燃的空气，系统运行不会发生爆炸；气态储存时的储气压力为 10 兆帕，储罐储气能力为 15 兆帕，具有较大的安全裕度；按照国际规范要求，储气区域周边会留出安全距离，才不会发生人身安全事故。锂电池储能由于其材料采用活跃的金属锂，具有燃烧风险，且锂电池用于电力储能，单体项目较大，大量的锂电池单元串联，对于电池一致性要求较高，燃烧及爆炸风险成倍增长，并且运行过程的系统控制、温度管理尤为重要。锂电池一旦着火，没有有效的灭火手段，损失较大。

环保方面，先进压缩空气储能系统的储能介质为空气，其来源为大气环境，经除湿除尘后洁净的空气进行储能系统，最终再释放到大气环境中，过程中没有任何化学反应，没有任何污染物排放，清洁无污染，对环境友好。锂电池系统在储能过程没有污染物排放，但其生产过程及废旧电池回收处理都涉及环保问题。

容量衰减方面，压缩空气储能系统为机械式系统，随着系统运行年份的增加，系统储能容量不会发生衰减，且系统性能不会因为运行年限有较大变化。锂电池系统其容量随着运行次数的增加，会持续衰减，一般运行 3000 次后，容量衰减至 80%，之后随着运行次数增加，容量衰减速度会加快。具体衰减情况同锂电池系统具体运行情况有关（充放电程度及速率），其系统性能也会受到影响。

储能效率方面，压缩空气储能系统的单机规模越大效率越高，目前 1.5 兆瓦系统电对电效率为 52.1%，十兆瓦级系统效率为 60.2%，百兆瓦级系统设计效率为 70.4%，该技术理论极限效率约为 75%。锂电池储能系统电对电效率为 85%~95%，高于压缩空气储能系统效率。但压缩空气储能系统自用电率较低，不足 1%，锂电池系统因为温度管理系统等耗电量较大，因此实际运行的系统效率同电站所在地区的气温、湿度等有关，一般约为80%。

响应速度方面，压缩空气储能系统的启动过程需要 6~8 分钟，若需要压缩启动时间，可以处于旋转备用状态，启动时间可压缩至 3~5 分钟，仍处于分钟级的启动速度。锂电池储能系统的响应速度可以达到秒级甚至毫秒级，较压缩空气储能有优势。

占地面积方面，压缩空气储能系统包括多个环节，由多个设备组成，若采用气态储存，需要大容量储气系统，占地面积较大，能量密度低于锂电池储能系统。若压缩空气储能系统按照气态储存，压缩空气储能系统单位容量占地面积为锂电池系统的 4~6 倍。若压缩空气储能系统按照空气低温液态储存，压缩空气储能系统单位容量占地面积为锂电池系统的2~4 倍。

度电成本方面，不同应用场景对储能技术的性能要求有所不同，而储能成本则是决定储能技术应用和产业发展规模最重要的参数。基于储能全生命周期建模的储能平准化（度电）成本是目前国际上通用的储能成本评价指标。度电成本的评价适合容量型储能场景（如削峰填谷），因为可以将其直接与峰谷电价差进行比较，从而判断储能投资是否具有经济效益。针对不同容量的百兆瓦级先进压缩空气储能系统，按照寿命 30 年，年运行天数 330 天，每天满充满放 1 次，贷款利率 6% 计算，其度电成本为每千瓦时 0.21~0.43 元；当按照每天满充满放多次计算时，其度电成本为每千瓦时 0.07~0.29 元，相较于化学电池储能有巨大优势。各类储能优劣势对比见表 2。

表2　各类储能优劣势对比

类型	储能时间	规模	效率（％）	成本（元每千瓦）	寿命（年）	优势	劣势
抽水蓄能	1 小时至 24+小时	100~5000兆瓦	70~80	500~1000	40~60	规模大 成本低 寿命长 技术成熟度高	受地理条件限制 移民搬迁问题 对生态环境有破坏 初期投资大 建设周期长
压缩空气储能	1 小时至 24+小时	1~300兆瓦	50~75	1000~1500	30~50	规模大 成本低 寿命长	响应时间较慢 效率较低 储能密度较低
锂电池	数秒至数小时	0~20兆瓦	85~95	1500~2500	5~10	效率高 响应速度快 储能密度大	成本较高 安全性差 易发生燃烧和爆炸 规模较小
液流电池	数分钟至10小时	0~10兆瓦	65~85	3500~4000	5~15	规模较大 寿命较长	成本高 电解液有毒性 效率在化学电池中较低
铅蓄电池	数秒至数小时	0~20兆瓦	65~85	800~1300	5~10	成本低 技术较成熟	寿命短 存在原材料污染及废旧材料回收问题

资料来源：自主整理。

通过前述针对压缩空气储能和锂电池的对比分析可知，压缩空气储能系统在系统规模、系统寿命、单位成本、安全性、环保性能等方面有优势，锂电池在系统效率、响应速度、能量密度等方面有优势，两种技术类型不同，适合用在不同的领域，其优势互补，可以配合使用。

二、投资过程：面向新型电力系统的长时储能投资实践

　　碳中和目标、能源安全、科技进步共同驱动全球能源结构向清洁、可再生的新能源转型。建信北京深刻认识到新能源变革的本质是能源从资源垄断型要素向技术驱动型商品演化，靠科技进步打破资源垄断，让能源从开采变为制造，谋求能源供应的安全、充裕、清洁、可持续性。因此，新能源变革不只要有光伏、风电、新能源车的出现，还应覆盖能量的生产、运输、存储、利用、交易全链条。建信北京新能源团队在新能源领域进行全链条布局，重点关注市场驱动、需求快速提升的成长型赛道和技术突破、成本显著下降的创新型赛道。

（一）初识标的：产品、团队全球领先，标的稀缺性强

　　平台方面，ZCH 公司是中国科学院工程热物理研究所百兆瓦级先进压缩空气储能技术的产业化公司，成立于 2018 年 12 月，为国际领先的压缩空气储能技术与商业化开拓者，率先实现单体百兆瓦级压缩空气储能系统整套设备及工程落地。公司拥有完全自主知识产权的产业化平台及我国物理储能领域首个国家级研发中心——"国家能源大规模物理储能技术研发中心"。

　　产品方面，ZCH 公司于 2013 年在河北廊坊建成了国际首个 1.5 兆瓦先进压缩空气储能系统，系统效率达到了 52.1%。于 2016 年在贵州毕节建成目前国际首套十兆瓦级新型压缩空气储能系统，系统效率达 60.2%。于 2017 年启动的百兆瓦先进压缩空气储能系统，已完成百兆瓦级先进压缩空气储能系统及部件的研发，系统设计效率达 70.4%，并于 2021 年底完成百兆瓦级示范项目并网。ZCH 公司成为国内首个企业化运作并实现百兆瓦级项目落地的公司实体，目前公司在全国各地已备案项目已形成吉瓦级规模，全球来看，ZCH 公司的产业化进度领先对手 2~3 年。

团队方面，公司核心团队及技术来自中国科学院工程热物理研究所。实控人 CHS 为全球压缩空气储能领域领军学者，现任中国科学院工程热物理研究所副所长、储能研发中心主任、国家能源大规模物理储能研发中心主任、科技部 863 项目首席专家、英国能源学会会士（Fellow）、国家碳达峰碳中和标准化总体组 43 名专家成员之一（2022 年 3 月）。CHS 带领下的中国科学院技术团队自 2005 年起先后实现压缩空气储能功率等级从 15 千瓦、2 兆瓦、5 兆瓦、10 兆瓦到 100 兆瓦的突破，获得授权专利 185 项，专利覆盖中、美、日、欧等世界 40 余个主要国家和地区。

国内另一家压缩空气储能研究团队为清华大学电机系团队，标志性项目为与华能和中盐合作的江苏常州金坛区的盐穴压缩空气储能项目，项目一期规模为 60 兆瓦（300 兆瓦时），于 2018 年 12 月开工建设，2021 年 9 月 30 日并网试验成功。

（二）尽调发现：解决主要技术瓶颈，研发设计体系领先

中国科学院工程热物理研究所自 2005 年开展压缩空气储能技术研发，在国家"863"计划、"973"计划、国家重点研发计划、中国科学院先导专项等项目支持下，已经取得了一系列国际领先的技术成果：原创性地提出了先进压缩空气储能技术新原理，可同时解决传统压缩空气储能依赖大型储气室、依赖化石燃料、系统效率低三个主要技术瓶颈问题。由于压缩空气储能系统包括压缩—膨胀、蓄热—释热、液化—气化等相变过程，是个多级级联系统，其系统能量转化效率取决于各个环节效率的乘积，实现整体效率的突破并非易事。ZCH 公司在关键部件和系统平台上拥有明显的技术优势。

压缩机、膨胀机结构设计方面，针对压缩空气储能系统中储能过程和释放过程分时运行，存在较多容积和换热设备，压缩空气处于变工况及非稳态运行，且各部件参数强耦合，使系统各部件及系统整体性能产生与时间强相关的一系列问题，ZCH 公司首次建立了压缩空气储能系统的有限时间热力学模型，对压缩空气储能系统热力学性能进行高精度分析，得到了系统效

率的解析表达式，并基于该模型揭示了有限时间和有限尺寸在一定工程约束下的最佳匹配关系，进而指导更高效率系统的敏感参数设计（压力损失系统、压比、膨胀比等）。针对转子系统，公司建立了压缩空气储能系统三齿轮转子系统的有限元模型，综合考虑质量不平衡、齿侧间隙以及齿面刚度波动等多种影响因素，对变扭矩负载对转子系统动力学的影响进行研究。

膨胀机是压缩空气储能系统的关键核心部件，具有负荷高、流量大、流动传热耦合复杂、变工况调控难度大等技术难点。经过多年的不懈努力，研发团队先后攻克了多级膨胀机全三维设计、复杂轴系结构、变工况调节与控制等关键技术，研制出国际首台百兆瓦级先进压缩空气储能系统多级高负荷膨胀机。该膨胀机具有集成度高、效率高及寿命长等优点。2020 年 6 月 30 日，ZCH 公司协同中国科学院工程热物理研究所完成了该膨胀机的加工、集成与性能测试，各项测试结果全部合格，达到或超过设计指标。该百兆瓦级膨胀机的成功研制，是我国压缩空气储能领域的重要里程碑，推动了我国先进压缩空气储能技术迈向新的台阶。

储热技术方面，ZCH 公司的十兆瓦级压缩空气储能系统蓄热子系统通过国家建筑节能质量监督检测中心第三方测试，测试结果为蓄热装置蓄热量达 68GJ，保温 4 小时蓄热效率为 97.32%，保温 8 小时蓄热效率为 96.56%，超过项目指标要求，具有储热效率高、成本低、安全稳定等优点。

研发平台方面，中国科学院工程热物理研究所组建成国内首个完整的压缩空气储能研发设计体系，包括有完全自主知识产权的设计软件、实验平台和样机测试平台，业内罕有；累计投资超过 2.3 亿元，建成 22 个实验平台，建成了我国物理储能领域首个国家级研发中心"国家能源大规模物理储能技术研发中心"，成为全球唯一具备一兆瓦级至百兆瓦级新型压缩空气储能部件实验和系统集成测试能力的研发平台。

（三）转型升级：向装备制造端布局，核心设备自主化趋向清晰

ZCH 公司接下来将致力于在株洲、南京和成渝等地区建设压缩空气储能核心设备工厂，掌握自主产能。目前公司主要团队来自中国科学院工程热物理研究所，可能会缺少与装备制造业相关的人才和核心能力。技术研发核心考虑的是系统的性能，装备制造对企业的加工工艺能力、生产管理能力、供应链管控能力、成本管理能力等要求更高，公司由技术服务型企业向装备制造型企业转型面临一定的转型风险。但从长远来看，ZCH 公司向装备制造企业转型是其实现压缩空气储能核心设备自主化的必由之路。公司核心团队通过北京中关村、贵州毕节、河北廊坊、山东肥城、河北张家口等 6 个项目，已锻炼和掌握了核心设备的供应链管理、系统集成能力。公司选取的装备制造基地机械加工产业发达，具有向公司提供装备制造业核心人才和管理经验的条件。本项目组也将在投后密切关注公司转型的关键节点。

三、投后管理：降低风险赋能标的企业

良好的投后管理能够与投前决策形成闭环、互相促进。建信北京投资团队及时开展各项投后检查、管理工作，高度重视任何可能对投资造成不利影响的风险因素，及时采取有效措施化解或最大限度地降低风险。在投后赋能方面，建信北京在上下游客户推介、开拓融资渠道、企业战略规划、人才引荐、退出方式指引和品牌推介等多个方面拥有丰富经验，并且积极利用建行集团资源优势，为 ZCH 公司提供与总行洽谈项目贷款、流动资金贷款、保函业务、综合授信等服务的机会。

（一）ZCH 公司投后进展

2022 年 11 月，ZCH 公司组织召开张家口国际首套百兆瓦级先进压缩空气储能示范系统压缩机运行测试总结会议。会议采用线上与线下结合的方式在北京和张家口举行，中国科学院工程热物理研究所储能中心多位领导参加了本次会议。经过 7 天的连续运行测试，压缩机运行平稳，最高压比达到 118.9，效率达到 87.2%，各项性能指标达到或超过设计要求。

2023 年 2 月，河北省张家口国际首套百兆瓦级先进压缩空气储能示范项目压缩机通过具有 CNAS 资质的第三方测试，测试结果为最高排气压力达 100.333 巴，变工况范围为 18%~118%，最高效率达 87.5%，达到国际领先水平。

2023 年 7 月 22 日，由 ZCH 公司、中国科学院工程热物理研究所和中国电建集团华东勘测设计研究院（以下简称"华东院"）三方合作的张家口 300 兆瓦先进压缩空气储能示范电站，顺利通过可行性研究报告专家审查。这标志着我国国家可再生能源示范区首个 300 兆瓦压缩空气储能示范电站，取得重要阶段性成果。该项目完美整合了 ZCH 公司和华东院在压缩空气储能领域技术和工程的优势，联合推动 300 兆瓦压缩空气储能电站在国家可再生能源示范区落地。截至 2023 年第二季度末，公司在全国共有约 10 个项目在推进中，合计装机超 2.2 吉瓦，投资规模超百亿元。

（二）投后赋能

ZCH 公司的压缩空气储能业务处于产业化推进的关键期，各地储能项目和产能建设落地资金需求大。作为公司股东，建信北京积极利用建设银行集团资源优势，对接建设银行北京分行相关支行主动拜访，洽谈项目贷款、流动资金贷款、保函业务、综合授信等服务。

同时，随着山东、山西等省份电力市场改革的持续推进，独立储能电站逐步成为优质现金流项目，建信北京积极引荐建信信托项目投融资团队参与探讨独立压缩空气储能电站的项目投融资业务。

四、总结思考：对储能产业境况及未来进行策略延展

伴随新型电力系统下新能源出电力占比不断提升，电网压力持续增加，辅助调节资源的价值日益凸显，政策密集落地，在此背景下，项目团队从需求侧、供给侧、市场侧和成本侧分析，对储能产业境况及未来发展前景进行策略延展。

（一）需求侧：刚性、空间大、迫切性不断提升

储能是电力系统的重要灵活性资源，有助于电力系统抵御冲击，提升对新能源的承载和消纳能力。储能的需求具有刚性、需求空间大、迫切性不断提升的特点。

项目团队基于中国电力企业联合会 2016~2022 年中国电力装机及发电数据以及国家发展改革委、国家能源局《"十四五"可再生能源发展规划》、国家能源局《抽水蓄能中长期发展规划（2021—2035 年）》等能源政策规划，统计分析并自主预测了到 2030 年我国电力装机及发电量的构成详情（见表 3）。预测的依据依托以下四点。

（1）国家发展改革委、国家能源局在《"十四五"可再生能源发展规划》中指出，2025 年，可再生能源年发电量达到 3.3 万亿千瓦时左右；全国可再生能源电力总量消纳责任权重达到 33% 左右，可再生能源电力非水电消纳责任权重达到 18% 左右，可再生能源利用率保持在合理水平。

（2）2021 年 9 月，国家能源局的《抽水蓄能中长期发展规划（2021—2035 年）》中指出，到 2025 年，新型储能装机规模达 30 吉瓦以上（各省规划总量超过 60 吉瓦），抽水蓄能装机达到 62 吉瓦以上；2030 年，抽水蓄能达到 120 吉瓦以上。国家能源局设立的抽水蓄能建设速度远高于历史中抽水蓄能装机的最大增速，因此使用该预测偏乐观；对新型储能装机规模的预测则偏保守。

（3）总发电景预测：电力供需和 GDP 增速基本同步，预测 2021~2025 年 CAGR 值为 5%，2026~2030 年 CAGR 值为 3%。这些值参考了光大证券研报测算值。

（4）全球新能源发电量渗透率的排名（数据来自 BP Global Energy Outlook2020）：希腊（33.29%）、德国（31.75%）、西班牙（28.94%）、英国（28.27%）、葡萄牙（25.99%）排名前五。

表 3　我国发电量及发电装机结构历史（2016～2022 年）及预测（2023～2030 年）

	年份	2016A	2017A	2018A	2019A	2020A	阶段一
发电	总发电量（亿千瓦时）	60228	64171	69947	73269	76264	
	可再生能源发电量（亿千瓦时）	14822	16131	17748	19314	20829	
	水电	11748	11931	12321	13021	13553	
	其中：抽水蓄能	308	328	329	319	335	
	风电	2409	3034	3658	4053	4665	
	太阳能	665	1166	1769	2240	2611	
	新能源发电量占比（%）	5.1	6.5	7.8	8.6	9.5	
	可再生能源发电量占比（%）	24.6	25.1	25.4	26.4	27.3	
装机	总装机规模（万千瓦）	165051	177708	190012	201006	220204	
	可再生能源装机规模（万千瓦）	55585	63626	71119	77137	90549	
	水电	33207	34359	35259	35804	37028	
	其中：抽水蓄能	2669	2869	2999	3029	3149	
	风电	14747	16325	18427	20915	28165	
	太阳能	7631	12942	17433	20418	25356	
	新能源装机占比（%）	13.6	16.5	18.9	20.6	24.3	
市场规模	储能装机量					3526	
	抽水蓄能					3149	
	新型储能					377	
	储能配比（%）					6.6	
	新型储能新增装机（万千瓦）						
	新型储能新增平均时长（小时）						
	新型储能新增容量（吉瓦时）						
	新型储能系统平均单价（元每瓦时）						
	新型储能系统节约市场规模（亿元）						

续表

	年份	2021A	2022A	2023E	2024E	2025E	2026E	2027E
					阶段二			
发电	总发电量（亿千瓦时）	83959	83886	88080	92484	97109	100022	103022
	可再生能源发电量（亿千瓦时）	23227	23163	25495	28174	32256	34245	36460
	水电	13399	12020	12531	13063	15831	15989	16149
	其中：抽水蓄能	390	445	509	581	664	763	876
	风电	6558	6867	7717	8673	9038	9761	10542
	太阳能	3270	4276	5247	6438	7387	8495	9769
	新能源发电量占比（%）	11.7	13.3	14.7	16.3	16.9	18.3	19.7
	可再生能源发电量占比（%）	27.7	27.6	28.9	30.5	33.2	34.2	35.4
装机	总装机规模（万千瓦）	237777	256405	279225	304076	334299	347671	361578
	可再生能源装机规模（万千瓦）	102619	117155	131921	149390	166772	182011	199178
	水电	39094	41350	42409	43494	43251	43684	44120
	其中：抽水蓄能	3639	4579	5232	5977	6200	7075	8073
	风电	32871	36544	41222	46498	53165	57418	62012
	太阳能	30654	39261	48291.	59398	70356	80909	93046
	新能源装机占比（%）	26.7	29.6	32.1	34.8	36.9	39.8	42.9
	储能装机量	4266	5936	7564	9742	12080	15216	18607
	抽水蓄能	3639	4579	5232	5977	6200	7075	8073
	新型储能	627	1357	2332	3765	5880	8141	10534
	储能配比（%）	6.7	7.8	8.5	9.2	9.8	11.0	12.0
市场规模	新型储能新增装机（万千瓦）	250	730	975	1433	2115	2261	2393
	新增新型储能平均时长（小时）	2.0	2.2	2.5	3.0	3.5	4.0	4.5
	新型储能新增容量（吉瓦时）	5	16	24	43	74	90	108
	新型储能系统平均单价（元每瓦时）	1.70	1.66	1.57	1.49	1.42	1.35	1.28
	新型储能系统市场规模（亿元）	85	264	383	641	1184	1071	1377

续表

	年份	阶段三			CAGR设定值	
		2028E	2029E	2030E	2022~2025年	2026~2030年
发电	总发电量（亿千瓦时）	106113	109297	112575	5.0	3.0
	可再生能源发电量（亿千瓦时）	38931	41690	44776		
	水电	16311	16474	16639	4.3	1.0
	其中：抽水蓄能	1006	1156	1328	14.2	14.9
	风电	11385	12296	13280	12.4	8.0
	太阳能	11235	12920	14858	22.7	15.0
	新能源发电量占比（%）	21.3	23.1	25.0		
	可再生能源发电量占比（%）	36.7	38.1	39.8		
装机	总装机规模（万千瓦）	376041	391083	406726	8.9	4.0
	可再生能源装机规模（万千瓦）	218537	240391	265085		
	水电	44562	45007	45457	2.6	1.0
	其中：抽水蓄能	9212	10512	12000	14.3	14.1
	风电	66973	72330	78117	12.8	8.0
	太阳能	107003	123053	141511	23.0	15.0
	新能源装机占比（%）	46.3	50.0	54.0		
市场规模	储能装机量（万千瓦）	22617	27354	32944		
	抽水蓄能	9212	10512	12000		
	新型储能	13405	16842	20944		
	储能配比（%）	13.0	14.0	15.0		
	新型储能新增装机（万千瓦）	2871	3437	4103		
	新增新型储能平均时长（小时）	49	5.2	55		
	新型储能新增容量（吉瓦时）	141	179	226		
	新型储能系统平均单价（元每瓦时）	1.21	1.15	1.10		
	新型储能系统市场规模（亿元）	1709	2063	2474		

分析结果显示，截至 2022 年底我国储能装机总容量为 59.36 吉瓦，储能配比仅占 7.8%，若要满足国家发展改革委、国家能源局《"十四五"可再生能源发展规划》中确定的"2025 年，可再生能源年发电量达到 3.3 万亿千瓦时左右；全国可再生能源电力总量消纳责任权重达到 33% 左右"目标，项目团队经测算，到 2025 年我国新型储能新增装机和容量将达到约 21 吉瓦和 74 吉瓦时，储能系统市场规模约 1200 亿元，复合年均增长率（CAGR）达 64.91%；到 2030 年，我国新型储能新增装机和容量将达到约 41 吉瓦和 226 吉瓦时，形成约 2500 亿元市场，复合年均增长率（CAGR）达 32.27%，在行业中长期保持高速增长。

（二）供给侧：服务场景复杂，盈利水平不高，需市场机制激励

储能应用方面，中国电力企业联合会的调查研究结果（2022 年 11 月）指出，我国储能项目的运行现状存在以下问题。

（1）储能的利用、运行情况不活跃，其中新能源配储能的利用率最低，最多在弃风、弃光期间每天实现一次充放，个别项目仅部分储能单元被调用，甚至存在基本不调用的情况。

（2）锂电储能运维难度大，安全管理仍需加强。锂电储能项目单体电芯数量已达到万级（10 兆瓦）甚至十万级（100 兆瓦），维护难度极大，2022 年 1~8 月，全国电化学储能项目非计划停机达到 329 次。

（3）调研的大部分储能项目盈利水平不高。在收入端，储能的辅助服务市场、容量市场机制尚在探索，单一电量市场目前充放电调用频率未达到设计标准，难以获利。在成本端，新型储能的造价大多在 1.5~3 元每瓦时，度电成本仍然较高。

（4）地方政府的储能配置政策粗放一刀切，仅设置功率及时长要求，未根据新型储能的种类、功能和各地的资源禀赋进行科学规划、引导，可能导致储能无序、低效发展。

（三）市场侧：改革持续深化，利好新型储能实现经济性

我国电力市场目前主要包括电量市场（中长期市场和现货市场）、辅助服务市场和容量市场，新型储能均有参与，但各省政策差异较大，总体来看，就成熟度而言，现货市场 > 辅助服务市场 > 容量市场。

现货市场是储能交易电量最大的市场，核心观测点包括充电电价、发电电价和交易结果的响应机制（充放电频率）。容量市场规模次之，核心观测点为容量价格。辅助服务市场交易量也在不断增长，核心观测点为辅助服务类型、价格及响应机制。

新型储能由于技术和产品的成熟度还在验证期，且电力市场政策和机制尚未定型，原电力市场主体缺乏规模化参与的能力和积极性。因此技术发展和电力市场政策机制成为储能产业发展的两个重要自变量，在二者均趋向于成熟、确定性不断提升的过程中，新型储能产业有条件出现爆发增长（从阶段二到阶段三）。

（四）成本侧：关注点从初始投资成本向度电成本转变

储能的单位成本有三种测算方式，分别为初始投资成本、度电成本和里程成本（见表 4）。

表 4　储能成本测算方式

初始投资成本（元每瓦时）	储能电站初始投资（折现值）/ 储能容量
度电成本（元每千瓦时）	储能电站全生命周期总投入 / 总释放电量（发电口径）
里程成本（元每兆瓦时）	调频储能电站生命周期总投入 / 总调频里程

资料来源：根据北极星太阳能光伏网的资料信息整理。

当前储能相关电力市场交易机制尚未定型，电力系统主体配置储能的动因来自新能源发电强配储能政策，单位初始投资成本成为影响投资决策的主要观测点。

当储能相关电力市场交易机制逐步明确后，电力系统主体配置储能的动因来自储能项目的全生命周期投资回报率，度电成本和里程成本成为影响投资决策的主要观测点，其中电量型储能主要看度电成本，调频辅助服务型储能主要看里程成本。目前来看调频市场由火电机组主导，且根据中国电力科学研究院郭剑波院士预测，"十四五"期间存量煤电机组灵活性改造可增加 30~40 吉瓦调节能力，新增煤电机组灵活性资源又可增加 22~30 吉瓦，判断新型储能不是调频服务的主力调节资源。

对各储能技术路线初始投资成本和度电成本做进一步灵敏度分析，结论如下。

（1）从初始投资成本来看，锂电和压缩空气储能降本下降空间较大，其中压缩空气是目前唯一可比拟抽水蓄能的大规模长时储能方式，在充分利用地下盐穴、矿洞资源条件下，远期降本的空间巨大。

（2）度电成本代表了各类储能在不同充电电价成本下的盈亏平衡点，压缩空气度电成本有望持续下降，但地下资源的约束和地上储气设施的造价可能对此趋势产生负面影响，但总体来看，压缩空气储能在度电成本上是非常接近且有巨大潜力超越抽水蓄能的。

（3）当前电力市场机制正在初步建设期，储能的装机动力来自新能源发电强配储能，且电网不考核储能的实际运行响应频率，此阶段下初始投资成本是最强的激励因素，磷酸铁锂电池具有显著优势，规模快速增长。随着电力市场机制的建设完善，核心观测点是电网是否考核新能源强配储能的实际响应。若启动考核机制，则储能运行的安全性和度电成本将是影响投资的主要因素，压缩空气储能和液流电池储能将获得有利的成长机遇。

（4）中长期来看，新能源发电量占比持续上涨是不可逆的趋势，储能资源不可能只当摆设，积极响应是必然的。除了度电成本、初始投资成本因素之外，综合考虑压缩空气储能的地理条件局限性、液流电池的安全溢价、磷酸铁锂电池的技术成熟度和便捷性，压缩空气、液流电池和磷酸铁锂均有投资机会，重点观测变量和投资领域：锂电储能的安全性（电池管理系统、能量管理系统、温控系统）；压缩空气储能的地下资源丰富度和地上储气设施的降本趋势；液流电池的技术成熟度和电解液、电堆的降本趋势。

综上所述，储能具有刚性需求、需求空间大、迫切性不断提升的特点，随着多元化长时储能技术不断突破，在市场电价峰谷价差逐步拉大、储能端两部制电价等激励性电价政策不断建立与完善的前提下，我国电力储能或将进入稳定良好的收益区间，有望带动储能市场高速增长，让储能全产业链充分受益，吸引更多资本前来投资布局，打通科技、产业、金融良性循环。

（建信北京新能源 1 组：翟祎雯、张晨
建信信托研究部：姚丞源）

　　自锂离子电池诞生、走进现代生活后，历经多年发展，其作为一种能量密度高、循环次数多、使用寿命长的新型二次电池，被广泛应用于移动电源、电动车、家电、智能穿戴设备、3C产品等领域，并且逐渐成为新能源汽车和储能的主要动力源。从时间上看，中国在锂电池技术的应用与推广上相对较晚。2002年左右，我国逐步推动电动车使用锂电池技术，之后随着新能源汽车和储能需求的不断提升，国内锂电池产业和应用市场才逐渐成形。发展到今天，锂电池产业经历了初期发展阶段、加速发展阶段、多元化发展阶段和关键攻关阶段。而四大核心材料（正极、负极、隔膜、电解液）的创新研发成为中国锂电池产业下一步发力的重点。

一、投资背景：锂电池行业大势带动细分赛道成长

（一）行业背景：锂电池四大核心材料之一

　　LK公司所处的细分赛道为锂电池隔膜，是一种具有微孔结构的薄膜，与正极、负极、电解液一并成为锂电池四大核心材料，在锂电池中主要起到隔绝正负极以防短路、提供微通道支持锂离子迁移的作用，形成充放电回路。

　　在技术层面上，隔膜的性能决定了电池的界面结构、内阻等，直接影响电池的电解液注

液时间、充放电效率、循环及安全性能等特性。因此，具有厚度均一性以及优良的力学性能（包括拉伸强度和抗穿刺强度）、透气性能、理化性能（包括润湿性、化学稳定性、热稳定性、安全性）等特性的隔膜，是高性能锂电池的必备条件。

在商业层面，隔膜具有高技术壁垒、重资产运营、高毛利率、高行业集中度的特征。隔膜产线建设资本投入较大，单吉瓦时动力电芯投资额约为 9500 万元，明显高于负极、电解液，属于重资产运营行业。在动力电池成本结构中，隔膜占比为 5%~10%，较低的成本占比使得隔膜在下游客户中拥有相对较大的议价空间，行业毛利率普遍在 40%~50%，远高于其他锂电池材料。在行业集中度上，隔膜行业前三家市场占有率约为 65%（见表 1），相较于其他锂电池材料，集中度最高，行业内存在较为确定的龙头企业，在产业链上拥有更高的话语权。

表 1　锂电池四大核心材料基本情况

材料大类	主流技术	毛利率	代表公司	市场份额的集中度（2020 年）	动力电池成本占比	单吉瓦时投资额
正极	三元磷酸铁锂	15%~20%	容百科技当升科技	三元 CR3 占 35% 三元 CR5 占 44% 铁锂 CR3 占 52% 铁锂 CR5 占 69%	40%	9500 万~12000 万元
负极	人造石墨天然石墨	25%~30%	璞泰来贝特瑞中科电气杉杉股份	人造石墨 CR3 占 55% 人造石墨 CR5 占 80% 天然石墨 CR3 占 49% 天然石墨 CR5 占 84%	10%	2000 万元
隔膜	湿法、干法	40%~50%	恩杰股份、璞泰来、星源材质	隔膜 CR3 占 64.9% 隔膜 CR5 占 76.5%	5%~10%	9500 万元
电解液	六氟磷酸锂	25%~30%	天赐材料、新宇邦、国泰华荣	六氟磷酸锂 CR3 占 61.4% 六氟磷酸锂 CR5 占 77.6%	4%~6%	170 万~900 万元

（二）技术路线研判：涂覆隔膜将逐步替代无涂覆基膜，芳纶将成为下一代高性能涂覆隔膜

隔膜由基膜和涂覆层两大部分组成，其中基膜根据技术路线划分，可分为干法、湿法两种。涂覆层本质上是对隔膜基膜进行改性处理，以满足不同电池产品的需求。单纯使用基膜的话，隔膜的耐热性、吸液性等性能较差，难以满足市场日益增长的对安全性、能量密度等的需求。因此，对基膜表面进行涂覆改性技术升级成为行业普遍做法。根据高工产业研究院（GGII）的统计，2019 年我国涂覆隔膜占比为 53%，与 2015 年的 37% 相比有较大的提升，预计目前已经达到了 70% 以上。出于对安全性、能量密度的高要求，三元动力电池已基本采用隔膜涂覆技术。磷酸锰铁锂电池的涂覆比例在 60% 左右，对涂覆技术的应用逐步提升。宁德时代、LG 新能源、松下、比亚迪、亿纬锂能、中创新航等全球主流电池企业已经普遍采用隔膜涂覆技术。

隔膜的基膜可根据加工工艺分为干法基膜、湿法基膜和湿法涂覆膜。干法基膜主要原材料为聚丙烯（PP），分为单向拉伸和双向拉伸两种，生产过程中将隔膜原材料和成膜添加剂混合，通过熔融挤出的方法形成片晶的结构，然后进行退火处理而得到干法隔膜。由于双向拉伸隔膜孔径的均匀性、一致性、稳定性都比较差，故只能用于中低端电池，如今已经不是主流的技术路线。除了聚丙烯材料，聚乙烯（PE）也是锂电隔膜的基膜材料。在生产中将增塑剂如石蜡油一类的物质与聚烯烃树脂混合熔融形成均匀的混合物，保温一定时间后用溶剂将增塑剂从薄膜中萃取出来，从而制得相互贯通的亚微米尺寸的微孔膜材料。因为工艺中需要添加成孔剂并用溶剂进行萃取，该工艺也称为湿法。相比于干法，湿法生产的 PE 膜性能优势更契合动力锂电池高能量、轻量化的趋势：一是微孔分布均匀性好，孔隙率高，亲液性好，内阻较低；二是闭孔温度低，双向拉伸强度高，使得厚度更薄；三是穿刺强度更高，更有利于延长电池寿命。但是聚乙烯熔点低于聚丙烯，且热收缩性较干法基膜差，在高温时的收缩率高达 10%，可能引起极片外露，引发安全事故。涂覆隔膜的应用针对性地解决了聚乙烯基膜耐热性差等缺点。

　　2014 年及以前，涂覆隔膜最早只应用于价格相对较高的数码产品，市场需求量小。其后，伴随动力电池行业的发展，传统隔膜的耐热性、吸液性等性能难以满足电池的应用需求，为了满足锂电池隔膜不断提高的性能需求，涂覆隔膜通过在湿法聚乙烯基膜上涂覆材料，对其表面进行改性以针对性地提升隔膜性能。一方面，涂覆材料可降低隔膜热收缩率，空白聚乙烯隔膜在 150℃下热处理 30 分钟，热收缩率为 63.5%，而被 6 微米氧化铝涂层的聚乙烯复合膜的热收缩率降至 12.7%；另一方面，涂覆材料还大大提高了隔膜的抗刺穿能力，进一步提高了电池的安全性。此外，涂覆材料能够与电解液保持更高的浸润性，进而降低电池的内阻，并提高电池的注液效率及充放电功率。涂覆工艺在行业内日益受到重视，成为当前隔膜行业主流技术路线，其中各类涂覆材料的竞争激烈。

　　根据溶剂的不同，涂覆材料可以分为水性和油性两种。水性涂覆浆料溶剂多为水，涂覆材料主要为陶瓷氧化铝、聚甲基丙烯酸甲酯（PMMA）等，成本较低，只能保证隔膜基本的耐热性、透气性，但是黏接性、吸液性较差，主要用于更注重性价比的储能、磷酸铁锂、小动力电池，占全部涂覆隔膜出货量的 70%，是市场上最普遍的涂覆方式。相较于水性，油性涂覆材料不以水作为溶剂，而是用有机物在高温加热熔融后形成的有机溶剂替代，主要为 PVDF、芳纶，提升薄膜轻薄性、亲液性以有效降低内阻，提升电池能量密度。其中，芳纶涂覆材料在关键破膜温度、热收缩、浸润性、厚度上均为佼佼者。与陶瓷 +PVDF 涂层的 170 度破膜温度相比，芳纶破膜温度为 250℃，占绝对优势，大幅提升了电池在高温下的安全性。芳纶隔膜可以提升电芯浸润性，尤其在圆柱电芯卷绕紧密的情况下，可以改善电解液浸润性，降低内阻和高倍率充放电（快充）时的温升。芳纶吸液保液性能好，随着电池使用电解液的消耗，也能保持较好的均匀性，从而延长电池使用寿命。芳纶的高性能使得综合涂覆层数较少，因此比陶瓷 +PVDF 涂覆更薄，同时芳纶克重较轻，整体降低体积，提升能量密度（见表 2）。因此，芳纶隔膜非常适合在高能量密度、热管理需求迫切的高性能锂电池上应用，场景包括高镍三元、硅碳负极、4680 电池等。

表 2　主要涂覆材料分析

涂覆材料	涂覆种类	材料特性	应用领域
陶瓷（氧化铝勃姆石）	无机涂覆	提高隔膜耐热性、增强隔膜的抗刺穿性 改善电池的倍率性能和循环性能 提升电芯的良品率 减少电池在使用过程中的自放电 分子中有氢键，在电池内部结晶为水，可能伤害电池	普通方形电池 圆柱电池 储能电池
PVDF	有机涂覆	提升粘接性和电池硬度 增强吸液性，提升循环寿命	对黏接性有要求的高容量、高循环的方形电池 / 圆柱电池 3C 电池
芳纶	有机涂覆	耐高温性能好、能量密度高 吸液性、浸润性优异 循环寿命长	高热稳定性要求的高安全性、高容量、高循环的方形电池 / 圆柱电池、3C 电池
陶瓷 + PVDF	有机 + 无机涂覆	兼具有机和无机涂覆材料优势，但涂覆层厚度大（3μm）	高安全性、高容量、高循环的方形电池 / 圆柱电池 高安全性 3C 电池

　　芳纶隔膜各项性能指标比较契合大圆柱的使用场景，目前特斯拉已经率先在部分 2170、4680 大圆柱电池中使用芳纶涂覆隔膜。从 1865 电池到 2170 电池，特斯拉一直是圆柱电池的最主要使用者。2020 年，特斯拉经研究认为 46mm 是兼顾经济性和电池性能的最佳直径，并推出高度为 80mm 的大圆柱电池，简称 4680。4680 大圆柱电池能量是 2170 电池的 6 倍，续航里程增加 16%，成本下降 56%，以 4680 为代表的大圆柱电池同时实现了电池续航、充电速度和成本、安全性的共同优化，被认为是未来具有发展前景的三元电池发展方向之一。无独有偶，宝马集团也宣布 2025 年将大规模使用大圆柱电池，与宁德时代、亿纬锂能等供应商规划合作 6 座 20 吉瓦时的工厂，共有 120 吉瓦时大圆柱电池能量需求。主要锂电池企业大圆柱电池布局情况见表 3。

表 3　主要锂电池企业大圆柱电池布局情况

公司名称	布局情况
特斯拉	特斯拉已规划在美国加利福尼亚州、得克萨斯州、内华达州及德国柏林的四个超级工厂自产 4680 电池。按照特斯拉公告，其 4680 电池的年产量将在 2022 年达到 100 吉瓦时、在 2030 年达到 3 亿千瓦时
松下	松下正在为特斯拉生产 4680 电池。此外，松下还计划在内华达州工厂启动另一条生产线。《日经新闻》2022 年 1 月 24 日报道，松下计划在日本歌山县投资 800 亿日元（约合 7 亿美元）建造 4680 电池厂，预计年产能约 10 吉瓦时，2022 年 4 月将启动小批量生产，2023 年将投入大规模量产
LG 新能源	2020 年 10 月，LG 新能源已在筹备 4680 电池的研发工作。2021 年 2 月，LG 新能源宣布将为特斯拉配套建设一条 4680 电池试点生产线，同时考虑在美国和欧洲建设新的 4680 电池新工厂。此外，LG 新能源将在韩国梧仓工厂扩建 4680 电池产能，计划 2022~2023 年量产
宁德时代	宁德时代大圆柱电池项目规划了 8 条 4680 电池线，共 12 吉瓦时。目前宁德时代在两轮车领域的大圆柱电池已经下线应用。2022 年 9 月 9 日，宝马集团宣布将从 2025 年起率先在"新世代"车型中使用圆柱电芯，向宁德时代授予了价值超过百亿欧元的电芯生产需求合同。宁德时代将分别在中国和欧洲建立电芯工厂，每座工厂的年产能将达 20 吉瓦时
国轩高科	国轩高科在最新披露的投资者关系活动记录中指出，公司正在积极布局未来市场需求的高端圆柱电芯。目前在结构件开发、化学体系开发上已取得长足的进展
亿纬锂能	2021 年 11 月 6 日，亿纬动力拟与荆门高新区管委会签订合同书，在荆门高新区投资建设 20 吉瓦时乘用车用大圆柱电池生产线及辅助设施项目。2022 年 9 月 9 日，宝马集团宣布将从 2025 年起率先在"新世代"车型中使用圆柱电芯，向亿纬锂能授予了价值超过百亿欧元的电芯生产需求合同。亿纬锂能将分别在中国和欧洲建立电芯工厂，每座工厂的年产能将达 20 吉瓦时
比克电池	比克电池在 2021 年 3 月举行的中国国际电池技术展览会上表示，正在与客户合作开发全极耳大圆柱电池，样品预计年内批量下线，2 年内实现量产，最先应用在汽车电池市场
蜂巢能源	蜂巢能源在 2021 年上海车展展出了一款 23 安时的 4680 电池，NCM 正极，规划能量密度 235 瓦时 / 千克，循环寿命高于 1200 次，用于纯电动汽车
三星 SDI	三星 SDI 正在试产 4080 圆柱型电池，通过成功开发以及量产 4080 电池，未来有望和松下竞争，为特斯拉生产其所需的 4680 电池

（三）竞争格局现状：芳纶涂覆格局未定，掌握自主知识产权材料企业具有优势

目前，国内三元高镍、硅碳负极及 4680 电池尚未定型，各电池厂商对新材料持一定的开放态度，有较高的意愿尝试新的材料，构建全新的电池材料体系，但是对材料企业有一定的门槛要求。下游电芯厂在反复多次技术对接中，对材料各项参数提出要求，并在多轮次迭代、送样下满足需求。在上述过程中，对材料企业专业水平要求较高。首先要求企业掌握材料化学结构，涉及高分子材料学、催化技术、表面和界面科学，比如对材料改性，以满足下游差异化的应用场景。其次，需要材料企业掌握生产工艺技术，并具备可实现的降本路径，保证稳定供应的同时逐渐降低价格。因此，对于材料企业而言，团队内最好同时配置材料科学家和专业的工程化、生产人员，在新材料设计的同时尽快实现规模化生产。

芳纶市场需求提升后，关键材料的自主可控对于下游电芯厂也比较重要。全球高端涂覆技术主要由国外企业把控，芳纶涂覆专利更是被日本帝人、LG 化学等日韩企业把控，国内主流隔膜厂商如恩捷、星源只能通过为日本帝人及 LG 化学代工介入芳纶隔膜业务，位于价值链底端。对于电池厂，知识产权是其必须考量的关键因素之一，以避免电池出口时向日韩企业缴纳高额专利费用。

二、投资过程：价值发现的由浅入深

（一）初次接触：概念新颖且体量尚小

LK 公司成立于 2021 年 7 月，技术来源于中国科学技术大学（以下简称"中科大"）安徽省生物质洁净能源重点实验室，主要从事生物质来源呋喃基聚酰胺（以下简称"生物基类芳纶"）材料的开发及生物基隔膜涂覆材料应用，下游应用于锂电池隔膜，拥有核心化合物结构、制备方法、需利用的国内外专利保护，以及能够基于化合物结构进行改性、浆料配方调整等不

断迭代的技术开发及创新能力。

　　LK 公司项目由我司合作基金管理人中化创科推荐，初次接触时，项目组首先关注到生物基材料和高性能锂电池隔膜技术。在此之前接触的众多生物基材料中，应用领域大多数集中于传统消费品、农业领域，如塑料制品、肥料中间品等，这些应用领域普遍对价格比较敏感。相比传统石油基材料，生物基材料从原料到生产工艺技术上成本较高，导致材料价格不具备明显优势。与之相对的，LK 公司主要产品为生物基隔膜涂布浆料及生物基材料涂布隔膜，所处锂电池隔膜赛道又是高性能、高价值产品，具备较大的议价空间，而且下游客户有较强的替代意愿，为生物基材料发展提供理想环境。公司生物基材料涂布隔膜产品优势在于其具有多种特性：结构安全性——热针刺电池不起火、不爆炸；高破膜温度——破膜温度 >250℃；高电解液浸润性——电解液接触角为 0°，铺展速度快，吸液率保液率高；低内阻——相比基膜单片电池内阻降低 40%；长寿命——电解液长期浸泡不溶胀、不闭孔、隔膜拉伸性能不降低。虽然初步接触后我们对公司产品和目标市场比较有信心，但是也发现了公司的架构独立性上有一些瑕疵。

　　2022 年 6 月，LK 公司由母公司合肥利夫生物科技有限公司（以下简称"合肥利夫"）控股。合肥利夫是中科大在生物基材料呋喃基聚酰胺（FDCA）方面孵化的企业，主要从事基础材料 FDCA 的研究、生产和销售。从 2020 年开始，研发团队开始寻求基础材料 FDCA 在下游的高值化应用，在新能源功能材料方向上取得了突破，选定了锂电池功能材料板块作为公司的发力点，并于 2021 年由合肥利夫出资设立了 LK 公司。那时的 LK 公司在人员、生产、管理上都无法完全独立。我们在后续交流中，向 LK 公司表达了我们的顾虑，LK 公司也快速做出了调整。当时得益于 LK 公司体量规模较小，通过多方反复协商，LK 公司顺利地在 3 个月内重新规划了股权结构，并办理工商变更，项目从而顺利地再次推进到立项和尽调阶段。

（二）业务尽调：深入认识后提升信心

在后续的业务尽调中，我们对 LK 公司产品性能和市场情况的认识更加深刻，坚定了我们投资 LK 公司的决心。在尽调过程中，我们分别访谈了 LK 公司的上、中、下游相关技术人员。上游原材料方面，我们访谈了 FDCA 头部企业合肥利夫和中科国生，反复论证主料未来供应的稳定性及持续降本的可能性。中游访谈了主要竞争对手泰和新材、恩捷新材。下游电池厂则是覆盖了亿纬锂能、璞泰来、特斯拉，印证了产品持续的市场需求。

在下游需求方面，可预见到 LK 公司生产的生物基芳纶的主要目标市场为大圆柱电池，其要求隔膜材料进一步提升热稳定性，在确保电池安全的前提下不断提升电池能量密度，因此采用的主流方案为芳纶涂布涂覆隔膜。松下为特斯拉提供的圆柱电池产品隔膜 100% 使用的芳纶涂布。LK 公司生产的生物基类芳纶产品，对标日韩企业的芳纶涂布涂覆隔膜，分享芳纶市场的空间。

在材料科学方面，LK 公司生物基类芳纶化学成分为呋喃基聚酰胺，因分子结构相似，性能上也与芳纶接近。经测试，生物基类芳纶在热稳定性上，破膜温度高于 250℃，远高于陶瓷 +PVDF 的 150℃，在温度 200℃加热 1 小时的条件下热收缩低于 2%，具有超高的破膜温度和热稳定性，对提升锂电池的安全性具有重要意义。在浸润性方面，生物基类芳纶与电解液接触角接近 0 度，铺展速度快，吸液率保液率高，是已知的浸润性最好的涂覆材料。高浸润性一方面有利于提高隔膜与电解液的亲和性，从而增加离子迁移效率，降低电池内阻，高倍率充放电时温升较低；有效减少锂电池电解液的注液时间，提升生产效率。另一方面，在电池使用过程中，电解液消耗，吸液率保液率高有助于保持电解液的均匀性，延长循环寿命。材料一致性上，生物基类芳纶涂覆厚度和孔径的一致性高，在实际应用中，一致性不佳可导致局部电流过大，从而影响电池安全性及寿命。

除了性能上媲美甚至超越日韩的芳纶外，LK 公司的生物基类芳纶在加工性能上也具有独特的优势。得益于生物基类芳纶的呋喃环结构，其具有极好的溶解性，在进行涂覆加工时造孔工艺简单可控、造孔均匀、良品率高。传统芳纶因为是苯环结构，溶解性差，在进行涂覆加工时需要加入大量锂盐形成悬浮液，涂覆良品率低。此外，生产过程中材料稳定性也尤为重要，生物基类芳纶在有机溶剂中可以形成稳定浆料，放置 6 个月也不会变质，传统芳纶浆料需在开封后一个月左右完成使用，否则浆料变质，给涂覆终端的工艺灵活性和仓储带来困难。工艺兼容性上，生物基类芳纶与 PVDF 相溶性好，特殊需求下可一次性涂覆，传统芳纶与 PVDF 相溶性差，需两次分别涂覆，工艺效率低、成本高。

电池厂商对全新材料应用有较严格的验证，平均准入验证期在 1 年左右。3C 消费电池客户准入期为 6 个月左右，对高端新材料应用持开放态度。动力电池客户较 3C 消费电池客户更为谨慎保守，对高端材料应用持谨慎态度，一般验证期在 1~2 年。LK 公司在该领域主要通过与璞泰来联合开发生物基类芳纶涂覆隔膜切入行业。璞泰来为全球涂覆隔膜行业龙头，约占全球 50% 的涂覆隔膜出货量，约占宁德时代 80% 的涂覆隔膜采购量。LK 公司与璞泰来深入合作，共同打开涂覆隔膜下游市场，目标是占据三元动力电池市场，占据大圆柱电池大部分市场，替代传统的芳纶涂覆方案，同时在方型电池市场达到一定的渗透率。一旦通过大圆柱电池产品验证，或将直供特斯拉，从而可能占据松下芳纶涂覆电池的份额。除与涂覆龙头合作外，LK 公司自产涂覆隔膜产品也在送样验证，头部电池厂商已经表示明确意向，将给予 LK 公司吉瓦时级别的芳纶涂覆隔膜订单。

在上游关键原材料方面，虽然 FDCA 生产属于合成生物学，有一定的技术门槛，但是国内以合肥利夫、浙江糖能、中科国生为首的厂商已经实现了百吨级的规模化生产，规划产能超过 3000 吨。FDCA 作为高性能聚合物，下游最大的市场仍然是包装材料、纺织纤维、特种塑料领域，LK 公司的隔膜应用属于 FDCA 中高价值的应用，是上游厂商争相销售的客户，因此供给远远可以满足 LK 公司短期内的需求。

此外，LK 公司作为材料技术驱动型公司，与各赛道头部产业方广泛进行研发协作，积极开发其他高性能产品。储备技术包括 3C 黏合性涂布隔膜、高耐热黏接性隔膜、质子交换型隔膜、各类生物基试剂、生物基胶黏剂等。

当然，LK 公司项目存在典型的早期项目风险，包括市场开拓不及预期、核心原材料供应短缺及价格不稳定、规模化工程化风险、关键人员流失风险等。其中一部分业务风险，项目组通过各方专家论证后认为风险整体可控，还有一部分风险可以借助自身技术优势获取产业协助，弥补自身工程化、市场推广能力不足等劣势。璞泰来就是看重了 LK 公司的技术实力和产品优势，合资成立子公司推进相关业务。不同于其他早期项目，LK 公司主要技术已经在前期进行过反复验证，顺利完成了材料的小试和中试，并且完成了一些厂商的送样验证，这样的技术和产业积累，增强了我们 A 轮投资人的信心。

（三）投前研判：理顺逻辑即坚定投资

项目组通过分析 LK 公司市场、产品性能等，形成了如下投资逻辑。

一是动力电池行业增长迅速，对隔膜涂覆材料性能，特别是热安全性能提升需求强烈。生物基类芳纶涂覆的高耐热性、一致性、轻薄性是其他材料不具备的。LK 公司主要产品生物基类芳纶涂覆材料与传统芳纶涂覆材料性能接近，并且具有更好的浸润性等独特的优势以及与现有的油性涂布工艺兼容等加工优势，是集结构和功能为一体、综合性能优异的新型涂覆材料，推出后将抢占芳纶市场。

二是 LK 公司生物基材料符合"双碳"政策，相较于传统材料高度绑定石油经济，制备工艺迭代进入瓶颈，降本空间较小，全生命碳排放较高，生物基材料发展初期，工艺技术仍有较大进步空间，在生物质材料发展下，生物基类芳纶隔膜的经济优势将进一步扩大。生物基材料以豆类、薯类为原材料，通过化学和生物法合成，碳足迹较少。

三是有助于打破国外垄断。芳纶涂覆浆料制备及涂覆工艺知识产权由日本帝人等少数几家国外公司掌握。LK 公司拥有生物基类芳纶材料核心化合物结构及其衍生物、制备方法、锂电池隔膜涂覆应用的国内外知识产权保护等，成功绕开了日本企业在芳纶涂覆领域的技术和知识产权壁垒，可以支持国内高端锂电池自主发展。

四是产品已与行业龙头深度合作，共同完成生物基芳纶浆料和薄膜的量产。

基于对 LK 公司所属细分赛道、产品竞争力、知识产权独占优势等方面的判断，建信北京于 2022 年 12 月通过中津海河（天津）新材料产业投资合伙企业（有限合伙）领投公司 A 轮融资，并为 LK 公司引入了相关的一些产业方资源。

三、投后进展：公司发展驶入快车道

LK 公司作为一个成立仅两年的初创公司，在完成 A 轮融资后，发展进入了快车道，在各方的助力下先后取得了工业化工用地，完成了厂房产线建设，获得千万元订单，按投资时的规划完成了各项里程碑事件。2022 年 2 月，LK 公司顺利与上市公司璞泰来成立合资公司，其中 LK 公司控制子公司并持股 60%，璞泰来持股 40%。合资公司将专注于生物基类芳纶涂覆隔膜的生产和销售；5 月，LK 公司在浙江嘉兴受让工业用地使用权，建设了涂覆浆料厂房和生产线；6 月，公司与下游头部厂商签署了 5000 万元芳纶涂覆浆料订单。人员上，2023 年上半年，LK 公司团队增加了一位总工程师，该位工程师拥有多年隔膜、涂布生产线经验，之前有在某隔膜上市公司负责设备管理 5 年的经验，新血液的加入将帮助 LK 公司尽快完成产能爬坡，实现批量生产。

除了原有油性涂覆隔膜外，LK 公司也针对 FDCA 材料特性延展新产品。新产品水性涂覆芳纶浆料产品接近研发完成，应用于磷酸铁锂动力电池和储能电池，在原有隔膜方案基础上仅增加少量成本，就实现了水性涂覆隔膜耐热性和浸润性的大幅提升，应用前景广阔。储备产品 BDMP 溶剂兼顾性能和环保，经客户测试反馈结果积极，满足客户的性能需求，部分有欧洲建厂规划的客户希望公司尽快中试量产，目前 LK 公司正在积极准备中试。

各股东和合作方在投资后帮助 LK 公司对接了产业方资源，建信北京在隔膜领域产业资源相对较少，但是项目组积极发挥自身优势在厂房及产线建设上提供帮助。首先，建信北京将 LK 公司推荐给地方分支银行为企业提供授信贷款，形成股权投资和银行贷款联动，满足企业多样化融资需求。其次，秉持更好地服务客户的理念，在合规的情况下，为 LK 公司提供便利银行服务。此外，建信北京通过建信信托在安徽的资源，积极对接地方投资促进局，帮助企业寻找合适的工业化工用地。

四、总结思考：坚持面向前沿的勇气，勇于在 A 轮领投

LK 公司项目是建信北京在合成生物学行业布局的第一步，我们认为 LK 公司拥有的巨大发展潜力来源于其卓越的产品性能、自主可控专利产权、多样的应用场景、广阔的市场规模、更开放的应用延伸。大部分高能量密度的电池材料都会在充放电过程中产生较多的热量，而高温下的安全性是电池使用不可忽视的环节，LK 公司的生物基类芳纶材料以其首屈一指的耐热性和破膜温度可以解决这一痛点，也受到产业方认可，将成为未来高性能电池不可缺少的关键材料。此外，LK 公司掌握生物基芳纶材料的核心化合物结构、制备方法，成功绕开了日韩的专利壁垒，这也是以后材料改性和迭代的基础。同时，特斯拉 4680 电池上市并推广后，对于芳纶隔膜和生物基类芳纶隔膜的需求上升，对应超 100 亿元的市场空间。FDCA 作为一个基

础生物基原料本身拥有较好的浸润性及低毒性，这两个特性是锂电池行业所关注的，因此也可以向其他锂电材料发展。

（建信北京新材料组：王湘远、许世言
建信信托研究部：杨兴）

近年来，元宇宙（Metaverse）顺应无接触经济发展的潮流，异军突起并加速发展。元宇宙代表着数字经济的新生态，也将形成与现实世界相对应的社交文化系统。

元宇宙作为整合多种信息技术产生的新型虚实相融互联网应用和社会形态，是数字经济的增长爆点和重要发展远景。我国各地城市在顶层设计上聚焦元宇宙产业，出台了相关政策，多次在"十四五"规划、政府发展报告和元宇宙专项政策中提及元宇宙，以抢占元宇宙的先发优势，推进元宇宙产业全方位、深入化、融合化发展。

建信北京国际业务投资团队立足国家经济主战场、聚焦未来，深刻理解元宇宙产业对于国家未来发展的战略意义，立足当前世界科技创新前沿，在充分理解研判行业、技术、政策和专业团队综合能力基础上持续加大投资力度赋能 D 公司快速健康发展。本文将从投前深入研判、投中审慎把控、投后积极赋能和总结思考四个层面展开分析。

一、投研先行：洞察虚实交互新时代的核心技术

（一）迎接虚实交互新时代：VR/AR 行业有望迎百花齐放

2020 年初，投资团队开始挖掘以 VR/AR 为代表的下一代通信交互终端（即元宇宙）产

业链，并认为是下一个机遇期与投资方向，比业界普遍认为的元宇宙元年（2021 年）要提早了一年。

复盘全球互联网行业过去十年的发展脉络，可以认为当前互联网生态已经高度繁荣。（1）从内容载体来看，互联网从静态的文字信息走向动态的视频，从长视频走向时效性与交互感更强的短视频与直播;（2）从应用场景来看，互联网从社交、电商、游戏等娱乐为主的场景向办公、打车、知识社区等功能型应用延伸;（3）从服务群体来看，互联网从服务 C 端客户为主向服务 B 端客户拓展。

现有的互联网在商业范式、交互手段与用户体验等维度创新趋缓。2016 年开始，全球互联网行业增速不断下行，市场已经对互联网行业所面临的流量红利见顶以及增速放缓等问题达成了共识。经典互联网内容载体、应用场景的创新步伐放缓，商业模式趋于同质，现象级产品锐减，考虑到交互、沉浸、连接等维度的限制，经典互联网已在技术范围内达到最大化产品体验，短期难以打破瓶颈，不会有里程碑式的创新。通信技术的演进见图 1。

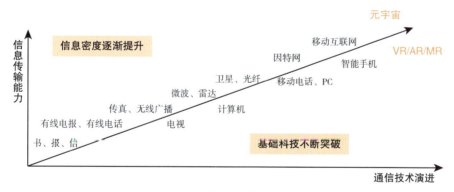

图 1　通信技术的演进

元宇宙打破经典互联网技术瓶颈，延伸应用场景，驱动互联网重返先进生产力，其发展的核心是人的交互理念的改变。元宇宙将互联网的视觉、听觉层面的感官体验延展到触觉维度，将现实物理世界全面仿真，互联网的平面内容以三维立体化的形式在元宇宙中呈现，沉浸感与交互感有了质的提升。同时，互联网世界中，大部分用户为信息的接受者，而元宇宙底层基础设施赋予了用户参与构建世界的能力，用户从信息接受者转变为生态建设者与内容创作者。我司投研团队认为元宇宙的底层创新有望打破经典互联网在内容载体、传播场景、交互等方面的瓶颈，将互联网的应用场景延伸到医疗、教育、工业生产等维度，更好地提升用户的体验，数字化手段更好地赋能实体经济发展。

近年来，随着技术进步和消费者需求变化，VR/AR 行业经历了爆炸性的增长，而其中 VR 的发展比 AR 更为成熟，从投资的角度来看 AR 的可想象空间更大，而 D 公司正是 AR 行业中的一名领先者，其业务专注于增强现实眼镜的透视显示技术。

（二）洞察 AR 全产业链：光波导技术处于产业链核心环节

我司业务团队经过大量详细的前期研究，针对 AR 全产业链进行了梳理分析，并对不同技术路线进行了对比分析，敏锐洞察到光波导是产业链的核心环节，结合合作产业方提供的产业视角，成功发掘产业链关键企业——D 公司。

AR 眼镜产业链由"硬件设备—软件及操作系统—内容及应用"三大板块构成。然而在硬件大量普及之前，软件和应用板块的增长受到极大的限制，可以认为中国增强现实技术软件和应用生态尚未成型、用户规模小。在 AR 眼镜的 2C 市场，除了微软、谷歌、Magic Leap 等针对其自行生产的 AR 眼镜硬件设备独立开发内容外，也有一部分第三方独立内容开发者为 AR 硬件开发应用，多为初创企业。然而，在硬件开始广泛普及的未来，软件、平台和操作系统也将成为 AR 眼镜硬件供应商的核心竞争力。国内外 AR 全产业链见图 2。

图 2　国内外 AR 全产业链示意

分类		硬件						软件及平台		内容及应用			
		整机	光学	投影	显示	芯片	电池	操作系统	软件开发工具	商业应用	工业应用	教育	游戏
国外		Magic Leap Microsoft Google Epson DAQRI Sony Rcon QD Laser Molbile Vuzix Realmax Xreal	Lumus DigiLens Dispelix Magic Leap Microsoft MADGaze Ximmers Epson HoloLens Vuzix Roke	—	Samsung	Qualcomm Intel AMD Microsoft TI Media Tek	Sony Samsung Sanyo LG Toshiba	Microsoft Google Magic Leap Wikitude	Vuforia Metaio ARToolkit CraftAR In2AR Kudan Maxst AR And AR ARLab Infinity AR	—	—	—	—
国内		影创科技 联想 增强现实技术 昊龙科技 珑璟光电 众景视界 亮风台AR 奥照科技 中科沃尔 塔普万智能科技	灵犀微光 珑璟光电 耐德佳 道明光学 鲲游光电 亮亮视野 悉见科技 慧牛科技 影创科技 灵犀智能光电	长江通信 利达光电 舜宇光学 奇景光电 水晶光电	京东方 歌尔声学 深天马A 康得新	全志科技 中兴通讯 弘高创意 中颖电子 联创电子 北京君正	中创新航 德赛电池 欣旺达	—	视+AR 亮风台AR 塔普万智能科技 增强现实技术	阿里巴巴科技 幻眼科技 云角信息 触角无限 投石科技 梦想人科技 中视典 华堂立业 尤得互动	增强现实技术 塔普万智能科技 影创科技 亮风台AR	央数文化 新锐天地 啃吗科技	腾讯 蓝港互动 亮风台AR 百度地图

　　光学模组是 VR/AR 底层技术模块中技术壁垒最高的部分。AR 眼镜硬件设备由输入设备（摄像头、传感器等）、计算设备（CPU、GPU、HPU、存储器等）和输出设备（光学模组、音频模组）等构成。得益于手机等移动设备端的发展，输入计算设备的发展较为成熟，因此剩余光模组成为技术核心，光学模组需要同时满足普通眼镜的透光性、虚拟图像的成像及消费者对虚拟和现实世界融合的体验需求，因此对光学模组的显示视野、分辨率、刷新率、延时、抗眩晕等技术都有较高的要求。

　　根据维深信息 WellSenn XR 测算，成本为 368 美元的 Pico 4 VR 一体机主要由芯片、光学模组（显示面板和光学器件）、传感器、其他零部件和整机组装构成，这几部分的成本占比分别为 31%、35%、9%、19%、6%（见图 3）。可见，光学模组是 AR 眼镜硬件设备的主要成本。比如，微软的 HoloLens 眼镜采用全息光波导技术，光学模组由 2 个光导透明全息透镜和 2 个（硅基液晶 LCOS）微型投影构成。微型投影射出的光纤通过全息透镜的反射、折射、衍射，最终在消费者的视网膜上成像。

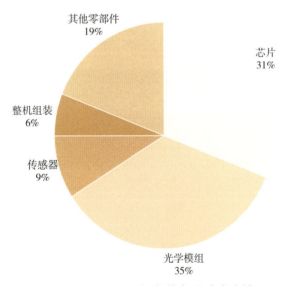

图 3　Pico 4 VR 设备的各项成本占比

根据 AR 光学技术路径，光学模组技术的技术壁垒从低到高可分为离轴光学、棱镜光学、曲面棱镜以及光波导和光场技术等。

AR 眼镜的光学模组通常由微型投影设备和光学组件构成，微型投影设备技术已经相对成熟，**光学组件是光学模组要攻克的技术难点，也是保证 AR 成像大小和质量的关键**。概括来说，目前市场上的 AR 眼镜采用的显示系统其实是各种微型显示屏和棱镜、自由曲面、Birdbath、光波导等光学元件的组合，其中光学组合器的不同，是区分 AR 显示系统的关键部分。

在光学组件中，AR 眼镜的光学技术路线主要分为 Birdbath、离轴反射、光波导三种（见图 4）。其中传统 Birdbath 和离轴反射式的光路设计难以在单一的轻薄镜片上实现大视场角显示，不是消费级终端的最终解决方案。光波导技术是应 AR 眼镜需求而生的一个比较有特色的光学组件，因它的轻薄外形与外界光线的高穿透特性而被认为是消费级 AR 眼镜的必选光学方案，而随着微软 HoloLens 眼镜两代产品以及 Magic Leap One 等 AR/VR 设备对光波导的采用和量产，关于光波导的讨论热度也在持续增加。

在 AR 眼镜中，**要想光在传输的过程中无损失无泄漏，"全反射"是关键**，即光在波导中像一条游蛇一样通过来回反射前进而并不会透射出来。光机完成成像过程后，波导将光耦合进自己的玻璃基底中，通过"全反射"原理将光传输到眼睛前方再释放出来。这个过程中波导只负责传输图像，一般情况下不对图像本身做任何"功"（比如放大、缩小等），可以理解为"平行光进，平行光出"，所以它是独立于成像系统而存在的一个单独元件。

光波导的这种特性，对于优化头戴的设计和美化外观有很大优势。因为有了波导这个传输渠道，可以将显示屏和成像系统远离眼镜移到额头顶部或者侧面，这极大降低了光学系统对外界视线的阻挡，并且使其重量分布更符合人体工程学，从而改善了设备的佩戴体验。

光路设计类别	Combiner类型	技术原理	主要瓶颈	主要玩家	壁垒	轻薄	视场角	光效率
Birdbath	棱镜式	·经多次反射，通过平面棱镜将图像射入人眼	·眼镜体积和视场大小存在矛盾	·谷歌	◔	◔	◔	◔
	自由曲面式	·经过多次反射射入人眼，光学部件有半透半反膜和凹面半透镜	·设备体积过大，实现多景深难度高	·ODG ·nreal太若科技	◔	○	◔	◔
离轴反射	自由曲面式	·经过一次反射射入人眼，光学部件有凹面半透镜	·设备体积过大，实现多景深难度高	·Meta ·Leap Motion	◔	○	◔	◑
光波导	自由曲面式	·控制光线在介质中定向多次反射，经过自由曲面射入人眼	·镜片厚度较大	·亮风台AR ·耐德佳	◔	◑	◑	◑
	阵列光波导	·控制光线在介质中定向多次反射，经过阵列式反射射入人眼	·实现多景深难度高，低成本量产难度高	·Lumus ·灵犀微光	◑	◑	◑	◑
	衍射光波导	·控制光线在介质中定向多次反射，经过衍射光栅射入人眼	·微纳光学的设计和光学材料	·Magic Leap ·HoloLens ·Apple	●	●	◑	◔

图 4　AR 眼镜光学技术路线概览

资料来源：根据公开资料整理。

（三）挖掘核心环节技术特征：衍射光波导技术方案具备先发优势

区别波导类型，主要在于光进出波导的耦合结构。总体上可以分为几何光波导（Geometric Waveguide）和衍射光波导（Diffractive Waveguide）两种。

几何光波导技术目前仍处于商业化早期，市面上相关产品较少。该技术是通过阵列反射镜堆叠实现图像的输出和动眼框的扩大，其工艺流程比较繁冗，其中一步是"半透半反"镜面阵列的镀膜工艺。由于光在传播过程中会越来越少，那么阵列中这五六个镜面的每一个都需要不同的反射透射比，以保证整个动眼框范围内的出光量是均匀的，代表的光学公司是以色列的

Lumus 厂商。

衍射光波导技术相对成熟，目前已经有消费级产品量产售卖。 该技术主要有利用光刻技术制造的表面浮雕光栅波导（Surface Relief Grating）和基于全息干涉技术制造的全息体光栅波导（Volumetric Holographic Grating）两种，HoloLens Ⅱ、Magic Leap One 均属于前者，全息体光栅波导则是使用全息体光栅元件代替浮雕光栅，苹果公司收购的 Akonia 公司采用的便是全息体光栅，另外致力于这个方向的还有 AR 光波导厂商 DigiLens。这个技术还在发展中，色彩表现比较好，但目前对视场角的限制也比较大。制造衍射光波导需要精度和速度都可靠的电子束曝光和纳米压印的仪器都价格不菲，接近芯片产业要求，并且需要放置在专业的超净间里，因此资本开支较大，有条件建立该产线的厂商屈指可数。

衍射光波导技术核心是设计并制造衍射光栅。 要想光机产生的虚像被光波导传递到人眼，需要有一个光耦合入（couple-in）和耦合出（couple-out）的波导过程，在几何光波导里这两个过程都是由传统光学元器件比如棱镜、"半透半反"镜面阵列完成的，过程简单易懂，但是具有体积和量产工艺上的挑战。在衍射光波导里，传统的光学结构被平面的衍射光栅（Diffractive Grating）取代，它的产生和流行得益于光学元件结构从毫米级别到微纳米级别，从"立体"转向"平面"的技术进步趋势。所谓衍射光栅，是一个具有周期结构的光学元件，这个周期可以是材料表面浮雕出来的高峰和低谷，通过设计光栅的其他参数（材料折射率、光栅形状、厚度、占空比等）可以将某一衍射级（即某一方向）的衍射效率优化到最高，从而使大部分光在衍射后主要沿这一方向传播。这就起到了与传统光学器件类似的改变光线传播方向的作用，但是它所有的操作又都是在平面上通过微纳米结构实现的，所以非常节省空间，自由度也比传统光学器件大很多。

相比传统器件，衍射光栅在设计和生产上具有较大灵活性。 不论是利用传统半导体微纳米制造生产工艺的表面浮雕光栅，还是利用全息干涉技术制成的立体光栅，都是在玻璃基底平面上加镀一层薄膜然后加工，不需要像几何光波导技术中叠加玻璃切片和粘合工艺，可量产性和良率要高很多。此外，还可以利用转折光栅或者二维光栅实现二维扩瞳，使得动眼框在鼻梁方向也能覆盖更多不同脸型的人群，给人体工程学设计和优化用户体验留了更大的容差空间。由于衍射波导在上下方向上也实现了扩瞳，使得具有这一技术的光机在上下方向的尺寸也比几何光波导的光机减小了。

二、审慎决策：押注领域内高壁垒的潜力标的

目前，国内对 VR 产品的核心元器件生产能力较低，产品主要依赖于进口，供应商的议价能力较强，VR 的产品供应商集中度较高，现有市场的消费者议价能力低。2016 年，Sony、HTC 和 Oculus 相继发布新一代消费电子级 VR 终端（PSVR、Vive、Rift），微软则推出了 AR 终端 HoloLens，VR/AR 相关概念迅速成为产业和资本关注的热点。

国内公司在 VR/AR 领域的布局向应用和模式创新倾斜，力图借助 VR/AR 赋能现有业务。例如，百度的 VR/AR 战略倾向于软件技术平台开发，2017 年百度发布 DuMix AR 平台，为开发者提供 AR SDK、内容制作工具、云端内容平台和内容分发服务；华为在 VR/AR 领域进行了一系列前瞻性布局，自 2016 年以来已全面构建 VR/AR 硬件、操作系统、开发工具、开发者内容、分发渠道、网络传输、解决方案等产业结构，并在云 VR 领域重点布局。

未来随着 VR 产品对显示品质、时延特性和应用多样化等方面的要求逐渐提升，本地算力云端化是 VR 发展的必由之路，并且该技术有望在 5G 时代加速落地，从而推动 VR 产品降低复杂度和成本、提升分辨率以及提供更完善的沉浸式体验，促进 VR 产品的进一步渗透。

（一）精准市场摸排：了解光波导细分技术成熟度情况

经过前期的投研，我司业务团队已经发现，光波导技术处于 AR/VR 行业的核心环节，具备核心技术将成为在硬件赛道胜出的关键，在国产 VR 设备爆发之前应当提前布局具有核心技术的企业，在此结论之下我司团队对市场进行大规模的摸排，挖掘其中具有技术能力的企业。

首先，**"几何/阵列光波导"发展至今已经历 20 年的研发和迭代，但目前市场上还未出现大规模的量产眼镜产品。**而微软 HoloLens 一代和二代、Magic Leap One 等多家明星产品，利用消费级产品证明了衍射光波导技术的可量产性。图 5、图 6 分别列示了国际上几何光学和衍射波导两条路线的主要代表厂商。

目前全球仅两家公司有对外销售的量产产品，即微软和 Magic Leap，其他市场参与者都在研发和技术迭代进程中，三条技术路线相关信息见表 1。

表 1　三条技术路线的信息

技术路线	几何光波导	表面浮雕光栅波导	全息体光栅波导
典型公司	Lumus、Optivent	Microsoft、Vuzix、Magic Leap、Waveguide、D 公司	Diligens、Sony、Akonia（Apple）
输出	一维扩瞳	二维扩瞳	二维扩瞳
最大视场角	Lumus 55°	HoloLens Ⅱ 52° Magic Leap One 50°	Diligens 35°
动眼眶	10mm×5mm	（16~19）mm×（12~16）mm	13mm×12mm
生产方式	传统光学手段	偏半导休的微纳米技术	偏材料学
优点	影像质量好，无色散	二维扩瞳，已被验证可量产	二维扩瞳，若可量产，可能成本更低
不足	一维扩瞳，生产工艺复杂	色散问题，更高的设计壁垒	色散问题，视场角较小

资料来源：根据公开信息整理。

表面浮雕光栅波导技术相对成熟，目前已经被 Microsoft、Vuzix、Magic Leap 等公司生产的产品证明了加工技术的高量产性。目前采用表面浮雕光栅波导技术的 AR 眼镜产品占市场上衍射光波导 AR 眼镜产品的大多数，得益于传统光通信行业中设计和制造的技术积累。它的设计门槛比传统光学要高一些，主要在于衍射光栅由于结构进入了微纳米量级，需要用到物理光学的仿真工具，然后光进入波导后的光线追踪（ray tracing）部分又需要和传统的几何光学仿真工具结合起来。目前在该领域深耕的企业相对集中，包括 Microsoft，Vuzix，Magic Leap，Waveguide，D 公司等。该技术中对应的精度和速度都可靠的电子束曝光和纳米压印的仪器价格都不菲，并且需要放置在专业的超净间里，导致国内有条件建立该产线的厂商屈指可数。

全息体光栅波导由于受到可利用材料的限制，商业化仍有较大困难。目前采用全息体光栅波导方案的厂家比较少，包括十年前就为美国军工做 AR 头盔的 Digilens；曾经出过单色 AR 眼镜的 Sony；还有被苹果收购而变得很神秘的 Akonia；另外还有一些专攻全息体光栅设计和制备的厂家。他们所用的材料一般都是自家的配方，基本是感光树脂（Photopolymer）和液晶（Liquid Crystal），或者两者混合。制作过程也是先将一层有机薄膜涂在玻璃基底上，然后通过两个激光光束产生干涉条纹对薄膜进行曝光，明暗干涉条纹会引起材料不同的曝光特性，导致薄膜内出现了折射率差，即生成了衍射光栅必备的周期性光学元件。

反观国内，目前多数企业仍处于商业化早期。梳理国内主要 AR 硬件参与者，近几年也获得了很多投资机构的关注，但在量产方面仍为尝试阶段，尚未实现大规模的下游应用。

（二）瞄准市场头部：定位光波导行业中的技术引领者

研究表明，表面浮雕光栅波导技术路线已证明可大规模量产，降本路径明确。光波导已被视为满足 AR 眼镜成像需求的主流解决方案，目前有三种路线的光波导技术，即几何光波导技术、表面浮雕光栅波导技术、全息体光栅波导技术，其中几何光波导技术代表企业 Lumus、

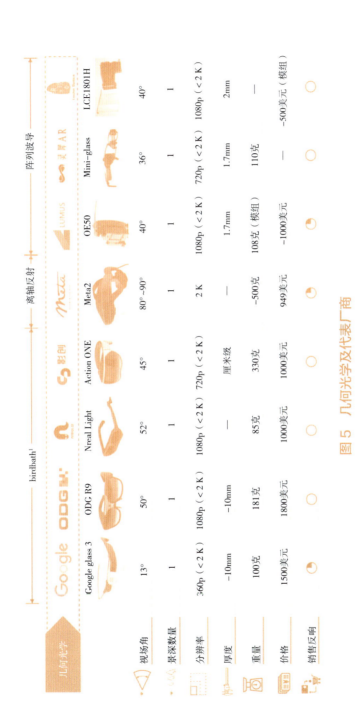

几何光学	birbath¹			离轴反射		阵列波导		
	Google glass 3	ODG R9	Nreal Light	Action ONE	Meta2	OE50	Mimi-glass	LCE1801H
视场角	13°	50°	52°	45°	80°~90°	40°	36°	40°
景深数量	1	1	1	1	1	1	1	1
分辨率	360p（<2 K）	1080p（<2 K）	1080p（<2 K）	720p（<2 K）	2 K	1080p（<2 K）	720p（<2 K）	1080p（<2 K）
厚度	~10mm	~10mm	—	厘米级	—	1.7mm	1.7mm	2mm
重量	100克	181克	85克	330克	~500克	108克（模组）	110克	—
价格	1500美元	1800美元	1000美元	1000美元	949美元	~1000美元	—	~500美元（模组）
销售反响	◔	○	○	○	◕	◑	○	○

图 5　几何光学及代表厂商

资料来源：根据公开信息整理。

衍射波导

微纳光学	DIGILENS Prototype	Microsoft HoloLens HoloLens 2	magic leap ML ONE	VUZIX Blade	光波 DEMO	In Progressing
视场角	50°	52°	40°	—	>60°	—
景深数量	—	—	2	1	2	—
分辨率	720p（<2 K）	2 K	2.5K	—	4K	—
厚度	—	—	3mm	—	3mm	—
重量	—	—	345克	85克	140~180克（E）	—
价格	—	3500美元	2295美元	999美元	—	—
销售反响	—	—	●	—	—	—

图 6　衍射波导及代表厂商

资料来源：根据公开信息整理。

全息体光栅波导技术代表企业 Diligens 等均未实现量产，仅表面浮雕光栅波导技术通过 Microsoft，Vuzix，Magic Leap 等公司的产品的问世证明了此项加工技术的高量产性。

表面浮雕光栅波导技术通过生产所需环境和设备与芯片制造行业类似，通过传统半导体的微纳米加工工艺，在硅基底上通过电子束曝光和离子刻蚀制成光栅的压印模具，这个模具可以通过纳米压印技术压印出成千上万个光栅。虽然精度和速度都可靠的电子束曝光和纳米压印的仪器都价格不菲，并且需要放置在专业的超净间里，导致资本开支较大，但随着产能爬升和下游需求增加，规模效应逐步显现，降本路线也非常清晰，将使得下游产品具备较高性价比，成为大众消费品。

经摸排，D 公司系光波导领域头部企业，其公司技术已突破 AR 显示技术瓶颈，产品性能领先。作为光波导技术的引领者，D 公司拥有自主可控的底层算法和设计能力，自研软件帮助设计团队大幅度缩短运算时长，进而能够实现单层镜片对三原色色散现象的显示效果优化，领先于使用两层衍射光栅的 Magic Leap 和使用三层衍射光栅的 HoloLens。其主打产品为 DPX 系列，与主流竞品相比最主要的技术优势在于极薄，主要竞品为了优化衍射效应通常会采用三层结构，而 DPX 系列选择一层结构，在满足相同显示要求的前提下，实现了厚度的降低和重量的减轻，客户体验更佳；且 DPX 系列目前视场角可达 50°，理论极限达到 127°，能够满足日常使用对视线范围的需求。D 公司针对 AR 底层光学技术的突破，将极大改善 AR 整机设备的可用性，有望助力 AR 整机设备、下游应用、内容生产等全产业链的爆发。

D 公司创始团队专业基础扎实，行业经验丰富。光波导行业系传统光学衍生出的新行业、新方向，全球从事该领域专业研究的人士较少，正是由于人才的稀缺性，该行业的创业公司也较少，且多数以科技巨头内部研发为主，具备核心研发实力的初创公司更加少见。

D 公司成立于 2015 年，团队成员主要来自微软、谷歌等全球科技领域领先公司，在光学显示领域积累了丰富的行业经验；截至目前，共有 45 名员工，其中有 26 位博士、10 位硕士、6 位拥有本科学历，合计发表论文数量上百篇，具有强大的研发和科研实力，为其自研算法的更新，以及 DPX 系列产品的不断研发和迭代提供基础。

D 公司股东实力雄厚，多方赋能企业成长。作为光波导领域的头部企业，D 公司吸引了世界各地投资机构的目光。但 D 公司始终未大规模开放融资额度，而是根据每年研发、生产情况审慎开展融资，主要精力仍集中于研发。

VR/AR 领域是华为重点布局领域，自 2016 年以来，华为已全面构建 VR/AR 硬件、操作系统、开发工具、开发者内容、分发渠道、网络传输、解决方案等产业结构。

在华为已经成为 5G 时代通讯全生态体系构建者的当下，我司判断华为将会把 AR 作为手机之后的下一个巩固全球消费者业务护城河的革命性产品，D 公司作为供应链上的一环，有望伴随华为 AR 产品的商用化落地迎来新的业绩增长；同时作为下游应用领域的重要参与方，华为也将为 D 公司带来丰富的产业链资源。

（三）作准投资决策：布局高门槛、低竞争的未来刚需产品的核心环节

1. AR 有望成为继 PC、智能手机后的下一代开创性的信息终端

AR（增强现实）技术，是一种将虚拟信息与真实世界巧妙融合的技术，实现了人们感知器官的延伸，在 AR 技术里，体育馆中央翻涌海浪的鲸鱼影像，万人追捧的 Pokemon Go 游戏都给人带来真实的感受，AR 将给人们带来颠覆性的三维信息交互体验，首次在空间维度给用户带来不同于智能手机的巨大价值，有望成为继 PC、智能手机后的下一代开创性的信息终端，具有更大的市场规模和想象空间。

2. 多维度技术迭代，AR 有望突破技术瓶颈，迎来历史性发展机遇

每一轮技术进步都会催生新的内容表现形式，深刻变革人们的交流和联通方式，2G 带来

了文本、3G 带来了图片、4G 带来了视频，而 5G 则意味着人类信息传输、共享能力的再一次升级。低延时、高速率的 5G 通信技术，叠加光波导技术的发展与突破、三维光源的进展、更加成熟强悍的视频处理芯片和 3D 感测算法，使得虚拟信息与现实世界交互的技术——AR，有望实现商用化落地。

科学家们从 20 世纪 80 年代开始探索 AR 能否实现，受光模组、数据传输、存储、3D 感测等技术尚不成熟的影响，整个行业尚未迎来革命性进步。历经 40 年的发展，各项技术具有不同程度的突破，从 2012 年 Google 发布 Google glass 开始，微软、索尼、Magic Leap、苹果等相继公布 AR 研发计划与进展，行业进入启动期，以探索落地应用领域、挖掘盈利模式为主要特征。变革不仅体现在许多商业和企业市场中，更体现在与每个人息息相关的吃、穿、住、行等日常消费领域中。

3. 光学显示模组是 AR 眼镜的核心环节，光波导技术壁垒高筑

根据 Vittimes 数据，目前光学显示模组占 AR 眼镜总成本的 50% 左右，其性能是决定 AR 眼镜成像效果的关键因素。2012 年 Google glass 发布之时，虽然受产品用户视野受限、定价过高且定位不明确等影响，但是仍获得了足够用户认可；但随着采用光波导技术的 HoloLens Ⅰ、HoloLens Ⅱ以及 Magic Leap One 产品问世，光波导逐渐被视为满足 AR 眼镜成像需求的主流解决方案。

因为光波导的"全反射"在保证成像清晰、图像对比度高的基础上，还能为用户提供较大的视场角，是目前四类 AR 显示方案中效果最优的方案，但其量产难度也较高。目前全球仅三家企业发布真正意义的量产产品，即微软 HoloLens、Magic Leap 和 Google Glass。

光波导技术采用传统光学的多层叠加技术或微纳米级别的刻蚀技术，在生产工艺和设计能力等方面提出较高要求，也正是堪比芯片的设计和生产要求，使全球范围内具备量产实力的光波导公司屈指可数，技术门槛较高。

4. 选择光波导领域具备技术先进性和量产可行性的公司进行投资，享受 AR 行业爆发带来的增长红利

AR 眼镜终将面向普罗大众，性价比将成为市场头部公司选择光波导供应商的重要考量指标。标的公司 D 公司，系微软、谷歌出身的两位创始人 2015 年于芬兰创建，45 名员工中有 26 位博士，在光学显示领域深耕多年，技术领先。

在同业竞争对手需使用三层镜片实现成像要求的情况下，标的公司使用一层镜片即可实现相同效果，实现了轻薄美观的差异化产品优势，为 AR 眼镜的整体设计和客户体验提供更多选择。同时，公司产品已满足规模化生产的前提，DPX 30° 产品已有演示样机向市场头部公司供货，2020 年全年预计出货 1000 片左右，公司正在计划扩建产线以满足客户需求。

轻量化产品优势叠加规模化生产带来的成本降低，D 公司产品的性价比将成为保持并扩张其在光波导领域市场份额的重要优势，进而享受全球范围内 AR 行业爆发带来的增长红利。

三、投后管理：积极主动的增值赋能与风险防范

在对 D 公司投资之后，我司不仅投入了财务资源，更进一步地结合了自身在国内政府、产业、金融等多方面的综合优势，为该公司在中国市场的全面布局提供了强有力的支持。正是因为这一系列精心策划和执行的战略，D 公司能够在短短一年内在中国市场成功产生营收，展示出其强大的潜力和竞争力。

第一，在组织结构上，我司明确建议 D 公司尽快设立中国子公司，并为其指派了具备丰富管理经验的董事总经理担任子公司的董事长。这不仅有助于 D 公司更好地遵循和适应中国的法律法规，而且也方便了其与各类资源进行更高效的对接。在我司的协助下，D 公司迅速完成了在中国的工商注册，取得了政府的优惠政策，选定了注册场所，成功租赁了合适的办公场地，并聘请了一系列专业的工商、法律、财税中介，以确保其在中国市场的合规运营。

第二，在人力资源方面，我司充分利用了在中国大型人力资源公司中的股权优势，为 D 公司快速组建了一支高效的团队。这其中包括由我司协助聘任的 CEO 和技术对接工程师，他们在业务和技术方面为项目的稳步前行提供了有力的推动。

第三，在品牌推广和市场营销方面，我司与 D 公司联合参与了多个国内大型科技展会，包括业内知名的中国家电及消费电子博览会（Appliance & Electronics World Expo，简称 AWE）。这些展会不仅为 D 公司提供了一个展示其产品和技术的良好平台，还大大增加了 D 公司与国内产业伙伴的接触机会，从而在业界产生了广泛的积极影响。

第四，在资本运作方面，凭借建行集团的资源和人脉，我司成功地为 D 公司推荐了多位具有投资意愿和能力的投资人，为其后续的融资活动提供了强有力的支持。在融资节奏和增资方选择上，我司也给予了高度专业和实用的建议。此外，我司派驻的董事还活跃在 D 公司的月度董事会以及其他定期和不定期的公司会议中，以确保战略方向和执行计划能够紧密对接。

第五，在业务合作方面，我司还成功将 D 公司推荐给了重要的产业合作伙伴华为，使其获得了一份重要的订单。这一合作不仅为 D 公司带来了可观的利润，更进一步巩固了其在中国市场的地位。

总体而言，D 公司在我司的多方位支持下，不仅成功地设立了中国子公司，还在人才招聘、资本运作、产业对接等多个关键方面取得了显著的成绩。这一系列成功的合作充分体现了我司在推动标的公司快速融入中国市场、获取政府和产业资源方面的专业能力和战略视野。未来，我们期待与 D 公司进一步加强合作关系，持续推动其在中国乃至全球市场的高速发展。通过这样的多维度合作，我们不仅能为 D 公司提供更多的业务机会和更大的市场拓展空间，也能为自己赢得更多的合作伙伴和业务渠道，实现双赢。

以上的经验和成绩，也让我们更加深刻地认识到，无论是进入一个新市场，还是在现有市场中进一步扩张，都需要有一个强大的本地合作伙伴，能提供全方位、多层次的支持。而我司正是这样一个合作伙伴，我们不仅有丰富的资源和专业的团队，还有敏锐的市场洞察力和强大的执行能力，能为合作伙伴提供量身定制的解决方案，以应对各种复杂和多变的市场环境。

四、总结思考

通过 D 公司项目，我司成功打造了全球化 2.0 时代投资国际先进科技标的公司的样板，通过"投出去、引进来"战略提升国内科技水平，开拓了海外（尤其是欧洲）投资版图，这具备重要意义。

首先，海外投资助力我国把握全球新一轮科技革命和产业变革机遇。多年以来，中国和欧洲科技领域有着持久稳定的合作基础，在航天、气候变化及制造业等诸多方面的合作密切。欧洲基础科研门类齐全，能力扎实，从 0 到 1 能力强，其硬科技行业在国际具备主流规模及影响力。过去中欧合作模式更多是单向输入，欧洲的大量技术进入中国市场转化成生产力和产品，有些产品也返销到欧洲市场，同时也带动了中国科技的进步。随着中国实力增强，在全球化 2.0 时期，中国在通信、互联网等领域具有全球领先的企业、完备的产业链、大规模统一市场，能够实现新技术从 1 到 100 的快速迭代，也能够形成全要素的科技产业与生态，引领全球科技需求。中欧各方在新的历史时期应当把握新机遇新挑战，发挥各自优势，稳中求进创造新"双赢"模式，共同抓住全球科技产业格局变化的时代机遇。

其次，我司充分利用建行集团、产业合作伙伴的资源优势积极赋能海外投资标的，赚取较好的财务回报。以 D 公司为例，我司充分发挥本地优势，主导 D 公司引入中国，在政府扶持政策、国内选址、核心管理人招聘、产业伙伴推介、投资人引进、市场拓展等方面做了主要贡献。通过持续深度赋能和发展，D 公司完成了千万级欧元到亿级欧元估值的跃升，为我司带来较为丰厚的财务回报。

最后，基于 D 公司项目的成功经验，我司将协同中外合作伙伴朋友圈，继续挖掘海外深科技优质标的，打通中欧创投协同从技术转化孵化到 IPO 退出的端到端路径。我司精选顶尖投资人作为主要伙伴，选择有意愿、有能力的中国和欧洲科技 VC 基金、孵化器、投行、高校成果转化机构以及产业伙伴，通过投资等手段构建长期合作关系。通过深入交流、论坛活动牵引伙伴加入"中欧创投大陆桥"建设，形成"中欧创投俱乐部"，聚集资源快速形成一批合作样板。退出方面，将沿着孵化到退出的过程，识别关键挑战并设计解决方案，包括投资策略优化、交易架构创新，以及政策法规引导等手段，打通中欧创投协同从技术转化孵化到 IPO 退出的端到端路径。

总之，我司将通过各方战略合作，发现机会，共同孵化培育优质国际深科技企业，打造出全面的技术加速平台，构建供应链、生态合作伙伴生态，从而助力我国完成多领域自立自强，把握对外科技合作机遇，推动产业高质量发展。

（建信北京国际组：彭鹏祎、范嘉欣
建信信托研究部：郑栩）

健康是促进人的全面发展的必然要求，是经济社会发展的基础条件，是国家富强和民族昌盛的重要标志，也是广大人民群众的共同追求。习近平总书记在党的二十大报告中强调，要"推进健康中国建设"，"把保障人民健康放在优先发展的战略位置，完善人民健康促进政策"。目前，干细胞与再生医学已经成为各国政府、学术界和企业界高度关注和大力投入的重要研究领域，成为代表国家科技实力的战略必争之地。

干细胞研究及其转化应用为许多重大疾病的有效治疗提供了新的途径，具有重大的科学意义，也具有巨大的社会效益和经济效益。尽管中国在干细胞研究领域已经取得了长足的进步，获得了一批创新性研究成果，但在干细胞基础理论、核心技术及转化应用方面与美国等发达国家还存在一定差距，亟须国家力量和社会资本在干细胞基础与转化方面持续加强投入与布局，提升我国在干细胞及其转化应用领域的核心竞争力。

建信北京生物医药投资团队专注医疗健康与生命科技前沿，致力于帮助推动医学进步的科学家和创业者，深刻理解生物医药产业对于国家未来发展的战略意义。本文将从投前行业研判、投中审慎把控、投后积极赋能和总结思考四个层面对这一领域及我们的投资案例展开分析。

一、行业背景：洞悉高发疾病趋势，紧跟生物技术前沿

（一）老龄化特征愈发凸显：退行性疾病高发趋势长期不变

我国是世界第一人口大国，因创伤、疾病、遗传和衰老造成的组织器官缺损或功能障碍人数位居世界之首，也是步入老龄化社会最快的国家之一。老年病的防治已经对社会和谐、发展产生重要影响。这一庞大的患者群体迫使我们必须发展新的治疗模式，推进干细胞研究和组织工程产品研发等再生医学相关领域的进展。

我国对再生医学产品的需求将位居全球之首，但随着中美之间竞争加剧，在欧美"小院高墙"（small yard, high fence）的压制下中国创新技术发展日益艰难，因此，我们必须加强再生医学的研究与开发，持续增加投入，争取尽快取得具有自主知识产权的再生医学产品成果，以确保我国在未来激烈的国际竞争中占有一席之地。这已成为再生医学研究领域的当务之急。

干细胞作为一类具有自我更新和多向分化潜能的细胞群体，能进一步分化成为多种类型的细胞，构成机体各种复杂的组织和器官。干细胞及其分化产品为有效修复人体重要组织器官损伤及治愈心血管疾病、代谢性疾病、神经系统疾病、血液系统疾病、自身免疫性疾病等重要疾病提供了新的途径。以干细胞治疗为核心的再生医学，将成为继药物治疗、手术治疗后的另一种疾病治疗途径，从而成为新医学革命的核心。加强干细胞和再生医学研究的战略部署，对构建我国国民健康体系至关重要。

（二）退行性疾病新曙光：干细胞药物的巨大临床价值获国家长期重点支持

干细胞与再生医学研究已引起各国政府、科技界、企业和公众的高度关注。美日等发达国家均在国家科技战略规划中将其作为重要发展领域，在干细胞发育调控、干细胞制备技术、干细胞临床应用等领域进行了重点部署。很多国家持续增

加对干细胞的研发投入，医药企业也逐渐加大对干细胞和再生医学研究与应用的投入。

我国政府对干细胞研究非常重视，并取得了一定的科学进展。"十一五"期间即开始以"973"计划、"863"计划和发育与生殖研究国家重大科学研究计划等大力支持干细胞的基础研究、关键技术和资源平台建设，在干细胞研究及转化应用领域取得了一批标志性成果：在世界上首次证明了小鼠诱导性多能干细胞（induced pluripotent stemcells，iPSC）的发育全能性；鉴定了干细胞干性的分子标志物等；研发了一批治疗性干细胞产品和组织工程产品；筛选和研究了一批能够促进干细胞自我更新、改进 iPSC 诱导及提高干细胞定向分化效率的小分子化合物；建立了更加适合临床应用的人胚胎干细胞（ESC）系；发现了新的调控胚胎干细胞自我更新的转录因子。我国在干细胞研究领域的国际影响力显著提升。

干细胞药物临床应用逐渐落地，并最终纳入药品管理范围。2016 年，国家对干细胞再生医学的鼓励政策密集出台，并设立多个国家重大专项，但"魏泽西事件"导致监管层快速叫停了细胞治疗临床研究。2017 年，国家食药监总局发布了《细胞治疗产品研究与评价技术指导原则》（试行），为我国包括干细胞治疗产品和免疫细胞产品在内的产品上市审批指明了方向。其后，随着国家各部委发文支持，特别是"十三五"规划政策的下达，各省市纷纷发布政策，大力发展干细胞和免疫细胞产业，积极支持开展干细胞和免疫细胞在内的细胞治疗技术研究临床应用。**随后几年，国家支持干细胞的政策陆续出台并明确重点支持态度，此后干细胞明确纳入药品管理范围。**中国干细胞治疗发展历程见表1。

表 1　中国干细胞治疗发展历程

年份	主要事件
2006	中国首次将干细胞研究技术作为重点技术领域写入国家重大科技发展计划
2012	迫于国内对干细胞法规出台的迫切性及国际卫生组织的压力，卫生部叫停中国大陆境内所有干细胞治疗活动，中国的干细胞治疗行业正式步入国家法规监管之下
2013	多项政策出台，干细胞库成为整个产业的基础知识与核心，中国干细胞产业已经处于继欧美发达国家之后第二梯队中的领先地位
2015	国家科技部发布《国家重点研发计划干细胞与转化医学重点专项实施方案》（征求意见稿）明确了从 2015 年至 2020 年干细胞研究领域的总体目标和主要任务
2018	国家药监局受理了干细胞疗法的临床注册申请，预示着我国重启干细胞治疗在临床上的应用
2020	国家科技部等多部门在重大专项和重点研发计划中突出支持基础研究重点领域原创方向，持续支持量子科学、脑科学、纳米科学、干细胞、合成生物学等重点领域； 国家药监局药品评审中心印发《人源性干细胞及其衍生细胞治疗产品临床试验技术指导原则》（征求意见稿），持续推动干细胞行业规范化发展
2021	国家科技部发布的《2021 年"干细胞研究与器官修复"国家重点研发专项申报指南》围绕干细胞命运调控、基于干细胞的发育和衰老研究、人和哺乳类器官组织原位再生、复杂器官制造与功能重塑、疾病的干细胞、类器官与人源化动物模型等 5 个重点任务进行部署，拟支持 17 个项目，拟安排国拨经费概算 4.4 亿元
2022	中国牵头制定并发布全球首个干细胞国际标准 ISO 24603，为全世界干细胞领域贡献中国智慧

资料来源：建信北京生物医药组整理。

针对干细胞与再生医学研究领域亟待解决的问题，我国干细胞研究应力争在干细胞多能性维持与重编程的分子机制、干细胞与微环境的相互作用、干细胞定向分化与转分分化、干细胞应用转化研究与关键性技术等方面取得突破，尤其是干细胞临床和转化应用的核心技术突破。

我国政府相关部门和学术界对再生医学的发展给予了密切关注和大力支持。比如说在中国科学院《中国至 2050 年人口健康科技发展路线图》和中国工程院《中国工程科技中长期发展战略研究》等科技规划中，都把再生医学列为重大研究方向。国家卫生部组织制定了《组织工程化组织移植治疗技术管理规范》（试行），并将干细胞技术归入"第三类医疗技术"进行管理。2023 年，相关部门又进一步加强了对干细胞治疗的管理，这些都为中国再生医学今后的发展打下了良好的基础并提供了相关保证。

（三）洞察干细胞药物产业链：上下游不同步调的产业链布局生态

我国干细胞与再生医学领域经过多年发展，已经在细胞重编程、干细胞技术等领域打下了良好的基础。干细胞领域论文与专利在国际上排名已经大幅提升，随着社会的发展，人类对干细胞及相关产品的安全性、有效性、可控性方面的需求日益迫切，以临床应用为目标的干细胞药物将迎来爆发。我国已经在干细胞领域建立了良好的基础研究和转化平台，培养和引进了高水平的干细胞研究梯队，初步具有了国家层面的统筹协调和政策规范方面的保障，并依托这些基础在一些干细胞领域取得了世界领先的研究成果，为我国干细胞研究的进一步发展奠定了坚实的基础。

具体而言，从上游的干细胞存储、中游的药物研发到下游的临床治疗，目前已形成了相对完整的干细胞产业链。其中上游是最成熟的一环，中下游仍有待进一步拓展。相关业务主要集中在上游，而中下游业务目前大多处于临床实验阶段或市场实验阶段（见图 1）。

图1   干细胞治疗产业链结构及中国干细胞治疗产业链全景

处于干细胞产业链上游的主要是干细胞采集与存储企业。细胞储存通过一定的方法将细胞中的活化的干细胞（activated PSC，aPSC）保存一定的期限，保证细胞的功能和活性不受明显的影响，是干细胞医疗行业最基础、最前端的业务，也是资本聚集最多的地方。主要代表公司包括：中源协和的天津市脐带血造血干细胞库、金卫医疗的中国脐带血库、上海市干细胞技术公司的上海脐带血造血干细胞库、江苏省的博雅干细胞间充质干细胞库、广东省脐带血造血干细胞库以及山东省人类脐带间充质干细胞库等。

处于干细胞产业链中游的是干细胞增殖与药物研发企业，主要从事技术研发工作，囊括干细胞增殖、干细胞药物研发、实验室处理配套产品（如检测试剂）等。

干细胞产业链的下游由开展干细胞医疗的机构组成，以三甲医院为主。目前，干细胞治疗可用于对组织细胞损伤修复、代替损伤细胞功能等领域的疾病治疗；用体外培养、扩增的干细胞培育人体组织器官进行器官移植以及对自身免疫性疾病进行生物修复。此外，在消费级应用领域，干细胞还能用于医学美容，延缓细胞衰老。

总体来讲，通过进一步深入研究，今后一段时间内中国的再生医学可能会在干细胞诱导分化与多种损伤组织同步修复与再生，组织工程大器官的构建，组织工程产品从基础研究走向规模化应用，涉及再生医学的制度和法规的进一步建立和完善以及再生医学转化基地的规模化建设等方面取得实质性进展和突破。

二、投资决策：吃透技术发展路线，抢抓产业关键节点

（一）剖析干细胞药物研发路线：多能干细胞已成为干细胞领域重点技术研发方向

介于干细胞的效用特性，近年来核心的研发方向为干细胞药物制剂的开发，即按照新药注册标准推进干细胞产品研发。目前，干细胞制剂的研发方向包括间充质干细胞、诱导多能干细胞和胚胎干细胞三大方向，最终目标为将细胞诱导为所需种类的间充质干细胞或成体细胞。其中，诱导多能干细胞包括 iPSCs 和 ESCs 两大类。

间充质干细胞（Mesenchymal Stem Cell, MSC）来源于发育早期的中胚层和外胚层，具有多向分化潜能。MSC 广泛存在于全身结缔组织和各器官基质中。正常情况下 MSC 在组织和器官内起一定支撑、维持作用（MSC 最主要的特点是可分化成骨、软骨和肌肉）。机体受损、衰老时，MSC 可分化成组织细胞，调节免疫反应，并促进组织修复。

除了 MSC 之外，诱导多能干细胞和胚胎干细胞是另两大类技术方向。诱导性多能干细胞（Induced pluripotent stem cells，iPSC）是指通过细胞重编程技术的组合转入分化的体细胞中，将已分化成熟的体细胞在体外诱导为类似于胚胎干细胞样的多潜能干细胞（见图 2），该项技术源于日本，目前核心的临床研究也主要由日本的高校和科研机构来开展。而胚胎干细胞（ESC）是从早期胚胎或原始性腺中分离出来的一类细胞，具有体外培养无限增殖、自我更新和多向分化的特性。无论在体外还是体内环境，ESC 细胞都能被诱导分化为机体几乎所有的细胞类型。这三种不同干细胞制剂研发技术路线对比见表 2。

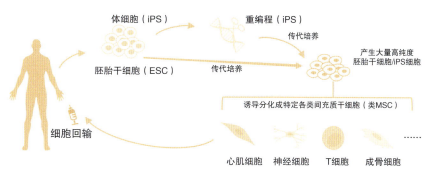

图 2　诱导性多能干细胞技术原理

表 2　不同干细胞制剂研发技术路线对比

科目	间充质干细胞	胚胎干细胞	诱导多能干细胞
来源	自体脂肪、骨髓、脐血	受精卵（囊胚内细胞）	成体细胞
分化能力	多向分化，脂肪、软骨、骨分化明确	全能性，三胚多向层分化能力	全能性，三胚多向层分化能力
扩增能力	强	非常强	非常强
副作用	体外培养后，免疫原性改变，引发免疫反应	理论上具有潜在致瘤性（畸胎瘤）	致瘤性（畸胎瘤）
技术缺陷	细胞扩增时间较长	如分化不完全有致瘤风险	如分化不完全有极大致瘤风险；制备效率低
安全性	高（低风险）	低（高风险）	低（高风险）
伦理问题	无	有	无
临床应用	免疫调节治疗、组织损伤治疗等	包括 MSC 和 iPSC 的所有应用方向，具备更好的细胞活性；**细胞来源限制了研发的推进**	用于神经退行性疾病、心脏疾病等领域（细胞提取难度大），但强致瘤风险问题有待改善

资料来源：据动脉网、探针资本的公开资料由项目组整理。

目前，MSC 由于理论上不引起免疫排斥反应、易获得、易体外扩增、不存在伦理问题且安全性较好，是已上市产品 / 临床产品选用的主要细胞类型。国际、国内普遍采用的 MSC 来源包括骨髓、脐带、牙髓以及脂肪等。这一研究路径，我国与欧美国家一线机构一致，且适应症领域大多为膝骨关节炎、糖尿病足、类风湿关节炎、抗移植物宿主病、自身免疫系统相关疾病及危急重症救治。

ESC 的潜在应用领域广阔且干性和基性优于 MSC，近年来也逐步成为国内外企业研发的核心方向。由于伦理问题和细胞源可及性，在全球范围内研发有一定限制，进展相对缓慢。其中，以 ZH 公司为代表的国内 ESC 研发企业的核心管线获批临床研究（Investigational New Drug,IND）也体现出国家药品监督管理局药品审评中心（Center For Drug Evaluation,CDE）对相应产品的临床研究持支持态度。

iPSC 技术由日本开发，存在较大的理论临床应用空间，但排异反应及致瘤风险极高。2022 年上半年，呈诺医学、上海爱萨尔、中盛溯源等企业的 iPSC 产品先后获批临床许可，标志着该细分赛道在我国临床市场中已构建了一席之地，但其中一家公司的 iPSC 产品获批 IND 后，仅时隔 2 个月就爆出致瘤问题，也为该技术路线的持续发展亮起了红灯。

（二）抢占 MSC 市场源头：集底层支撑和高端突破于一身的干细胞药物引领者

目前我国已经形成了百余家不同规模的干细胞医疗产业相关企业，并建立了多家产业化基地，覆盖了从上游干细胞存储到中下游干细胞技术及产品研发的各个方面。北京、上海、江苏、广东和山东为干细胞医疗产业的主要聚集区，北京处于全国领先地位。

此外，中国已经建立起多家干细胞产业化基地，影响力较大的包括西安干细胞人工皮肤产品产业化基地、国家干细胞产业化天津基地、青岛干细胞产业化基地、无锡国际干细胞联合研究中心、国家干细胞产业化华东基地等。我国干细胞药物研发企业概况见表 3。

表 3　我国干细胞药物研发企业概况

技术路径	公司	技术平台	公司简况 / 团队背景	核心产品
MSC	西比曼生物	人源脂肪 MSC+ 肿瘤免疫疗法（Car-T、TIL）	2011 年成立，专注肿瘤免疫疗法和退行性疾病细胞疗法。**首席科学家姚意弘博士为约翰霍普金斯大学博士后**，原 Med Immune 公司转化医学部药物基因学和生物信息总监，原雅培研发中心资深科学家。公司 CEO 刘必佐曾任阿里巴巴集团副总裁、美国微软公司战略总经理、财务总监	1 款临床产品：自体脂肪 MSC 治疗膝关节炎（Ⅲ期临床招募中）
	天津昂赛细胞（汉氏联合子公司）	脐带 MSC 平台	2004 年成立，技术来源于中国医学科学院血液学研究所，为我国首家将脐带间充质干细胞制造技术产业化的企业。**创始人韩忠朝博士是法国国家技术科学院院士，国家干细胞工程技术研究中心主任**，曾任中国医学科学院血液学研究所所长、协和医科大学教授。公司多年来核心业务重心为脐血存储、健康管理、医美等，偏重于干细胞消费领域，新药领域的探索较少	基于脐带 MSC：（1）GVHD（I/II 期）；（2）ACLF（获批临床）；（3）ARDS（获批临床）
	贝来生物	脐带 MSC 平台	2015 年成立，目前建立了全面稳定的干细胞制剂生产工艺和严格完善的质量控制体系，核心技术路线基于脐带 MSC，核心应用领域包括免疫、呼吸、神经、消化等。实控人刘勇军，是中国医学科学院血液学研究所研究员	基于脐带 MSC：类风湿关节炎（Ⅰ Ⅱ 期）
	广州赛隽生物	骨髓间充质 MSC+mRNA 基因修饰 MSC+ESC/iPSC	公司依托中山大学和达安基因的技术和资源支持，目前已建立了符合干细胞制剂研发、存储、生产的 GMP 标准干细胞品生产车间。公司实控人为华南地区干细胞领域学术带头人之一项鹏教授。公司围绕骨髓间充质干细胞已建立了针对不同适应症的两代细胞制剂产品，其中针对 ARDS 的 CG-BM1 已于 2021 年末获批临床申请。针对 ACLF 的产品预计于 2022 年内提交 IND。下一代靶向 MSCs 制剂拟于 2023 年底提交 IND	基于骨髓 MSC：（1）ARDS（Ⅰ 期）；（2）ACLF（Ⅰ + Ⅱ a 期）

续表

技术路径	公司	技术平台	公司简况 / 团队背景	核心产品
iPSC	爱萨尔生物	iPSC、人脐带 MSC；iPSC 细胞制剂 + 特定细胞诱导分化研发服务	公司是一家基于诱导多功能干细胞（iPSC）技术为核心的干细胞药物研发企业。创始团队来自于以 iPSC 为主要研究领域的美国研究机构威斯康星大学麦迪逊分校。公司主要推动的技术研发为 iPSC 细胞制剂的制备，以及诱导试剂盒的开发。但在研的产品管线以脐带 MSC 为主	脐带 MSCs 制剂，针对膝关节炎二期；缺血性脑卒中和结缔组织肺病处于批准状态
	艾尔普再生	iPSC 源制剂	2016 年成立，专注 iPS 技术的产业转化，构建了中国 iPS 细胞模型库。核心应用领域为复杂老龄化难治疾病，如治心血管病、神经系统疾病、肝脏胰腺疾病、眼科疾病、内分泌与代谢障碍疾病、免疫系统疾病等。创始人王嘉显为香港大学再生医学博士、美国西奈山医学院访问学者、南京医科大学江苏省人民医院心脏科研究员	iPSC 源心肌细胞注射液：治疗严重慢性缺血性心力衰竭（Ⅰ期）
	呈诺医学	iPSC 源制剂	2017 年成立，专注自主研发 iPSC 诱导多能干细胞技术。创始人顾雨春为英国伯明翰大学医学院教授（终身），核心研发领域为缺血性脑卒中、代谢疾病（糖尿病）、肿瘤、年龄相关性黄斑病变	iPSC 源异体内皮祖细胞注射液：缺血性脑卒中（Ⅰ期）
	中盛溯源	iPSC 源制剂 + 诱导分化试剂盒及服务 + 药物筛选	2016 年成立，专注 iPSC 技术研发与临床转化，可提供相关领域研发服务。核心创始人俞君英美国宾西法尼亚大学博士毕业，专注于 iPSC 重编程、功能细胞制备、细胞培养等方向。核心应用领域为免疫疾病、帕金森、肿瘤等	iPSC 源：膝关节炎（Ⅰ期）

技术路径	公司	技术平台	公司简况 / 团队背景	核心产品
ESC	ZH 公司	ESC/iPSC	2018 年成立，主要从事技术方向为 ESC 细胞的诱导与分化。技术和细胞源头为中国科学院院 A 院士团队和国家干细胞库，创始人为原赛诺菲亚太区研发副总裁 B 博士。核心产品的应用领域包括免疫疾病、神经退行性疾病、眼科疾病等	ESC 源： （1）膝关节半月板损伤（MI） （2）ARDS （3）AIP （4）GVHD 均为 II 期

资料来源：由项目组根据公开资料整理。

产业链上游是干细胞采集和存储业务，是目前最成熟最主要的干细胞领域的产业化项目。存储的干细胞类型主要为间充质与造血干细胞，经营模式主要分为公共库及自体库，受制备过程工艺场景以及中游端对细胞质量高要求等因素影响，未来生产工艺将更标准化与自动化，以减少人工操作提升产出质量。由于干细胞采集与存储商业模式与技术应用相对成熟，因此国内上市公司以上游产业相关业务为主。目前我国仅有的 7 张脐带血库国家牌照中，南京新百拥有四张，分别在北京、广东、浙江、山东四家，其余三张分别在中源协和、铸信集团、聚康生物旗下。而中国科学院国家干细胞资源库是我国目前唯一具有符合中国食品药品检定研究院、国家药监局要求的 ESC 细胞源，而中国科学院在 ESC 产业化领域唯一的战略合作伙伴公司是 ZH 公司。

从中游来看，目前尚无获准上市的干细胞药物产品。产业链中游是干细胞增殖（为研发组织和个人提供干细胞），以及干细胞制剂的新药研发。干细胞增殖与药物研发企业以输出干细胞治疗技术为主，主要针对脑瘫、脊髓损伤、视神经发育不全、遗传性共济失调等神经系统疾病、糖尿病以及肌营养不良等疑难疾病提供干细胞治疗技术。这些企业通过向医院提供干细胞技术体系并收取技术服务及技术使用权转让费获得收益，或者通过为患者提供个体化治疗，再按照一定的比例与医疗机构分享治疗费用。

对比国内目前的干细胞治疗研发企业，ZH 公司在管线进度、可成药性及生产工艺方面优于同类可比企业，且公司独具人胚干细胞治疗产品的特许研发及经营权。公司产品的市场潜力、公司管理团队配置及与中国科学院合作的产业资源都显著优于其他可比企业。

ZH 公司创立于 2018 年，是一家专注于干细胞药物研发与生产的生物制药企业，技术来源是中国科学院 A 院士团队。目前，公司在中关村科技园昌平园东区建有符合《药品生产质量管理规范》（Good Manufacturing Practice of Medical Products，GMP）标准的研发、生产基地，并成功完成基于 ESC 制剂研发、生产转化体系的搭建，并建立了符合细胞制药标准的化学、制造和控制（Chemical Manufacturing and Control，CMC）生产流程。公司核心创始人 B 博士为美国西北大学博士、斯坦福大学博士后、首都医科大学教授和博士生导师，曾任赛诺菲（Sanofi）中国研发中心总裁、亚太研发总部首席科学官。核心研发团队均具有 15~20 年国际一线药企细胞制剂、创新药研发经验。

ZH 公司目前已获批全因急性呼吸窘迫综合征（Acute Respiratory Distress Syndrome，ARDS）、急性间质性肺病（Acute Interstitial Pneumonitis，AIP）、急性移植物抗宿主病（acute Graft-versushost diseases，aGVHD）和膝关节半月板损伤（Meniscus Injury of knee joint，MI）4 个适应症的 2 期临床试验（其中，MI 为 1/2 期联合申报，目前已完成入组，进入观察期），是国内唯一一家进入临床试验阶段的 ESC 源干细胞新药研发企业，研发进度在干细胞新药领域全面领先（见表 4）。ESC 源细胞较间充质干细胞（MSC）和 iPSC 源细胞在活性、安全性、批件稳定性和一致性等方面有明显优势，成药性更高。因此，ZH 公司有望成为国内第一家获批干细胞药物注册证的企业。

表 4　同适应症竞争格局分析

适应症	竞争对手药物研发 / 上市进展	ZH 公司的竞争优势
急性呼吸窘迫（ARDS）	天津昂赛细胞：脐带 MSC；临床Ⅰ期，未启动患者招募	（1）国内首个进入临床Ⅱ期的产品，研发进度领先；（2）制剂一致性、稳定性更好，成药概率大；（3）ESC 活性优于 MSC
	泉生生物：脐带 MSC；临床Ⅰ期，未启动患者招募	
	赛隽生物：骨髓 MSC；Ⅰ期剂量爬坡阶段，已入组 3 名患者，目前临床进展顺利，安全性有效性良好	
	ZH 公司：ESC；已进入临床Ⅱ期患者招募入组阶段	
急性间质性肺病（AE-ILD）	贝来生物：脐带 MSC；临床Ⅰ期，未启动患者招募	（1）制剂一致性、稳定性更好，成药概率大；（2）ESC 活性优于 MSC；（3）较吉美瑞生（进展最快），ZH 公司产品取样、生产难度低，活性更好
	爱萨尔生物：脐带 MSC；获批Ⅰ期临床，未启动	
	莱馥医疗：脐带 MSC；临床Ⅰ期，患者招募中	
	吉美瑞生：自体肺部 MSC（取样难度大，生产周期长）；临床Ⅱ期，患者招募中（入组困难）	
	ZH 公司：ESC；已进入临床Ⅱ期患者招募入组阶段	
膝关节炎 / 半月板损伤（MI）	西比曼：自体脂肪 MSC（生产周期长，药效因人而异，稳定性若）；临床Ⅲ期，患者招募中	（1）制剂一致性、稳定性更好，成药概率大；（2）ESC 活性优于 MSC；（3）竞品的功效大多为抑制膝关节炎症，缓解疼痛、肿胀等。除该功效外，ZH 公司的产品是唯一具备半月板修复功能的制剂
	博雅药业：脐带 MSC；获批Ⅰ期临床，未启动	
	中盛溯源：iPSC；获批Ⅰ期临床，未启动	
	中观生物：脐带 MSC；临床Ⅰ期，患者招募中	
	博品骨德生物：脂肪 MSC；临床Ⅰ期，患者招募中	
	塞莱拉：脐带 MSC；临床Ⅰ期，未启动患者招募	
	爱萨尔生物：脐带 MSC；Ⅱ期临床，完成招募	
	ZH 公司：ESC；Ⅱ期临床，患者招募中	
急性移植物抗宿主病（aGVHD）	铂生卓越：脐带 MSC；临床Ⅰ期，患者招募中	（1）制剂一致性、稳定性更好，成药概率大；（2）ESC 活性优于 MSC
	天津昂赛细胞：脐带 MSC；临床Ⅰ期，患者招募中	
	ZH 公司：ESC；临床Ⅱ期，患者招募中	

资料来源：建信北京生物医药组根据公开资料整理。

（三）稳扎稳打尽职调查：严谨把控、作准决策

经过大量研究和市场分析，我司投研团队快速主动出击，通过同业、产业资源联系项目实控人，对标的进行了详细的内部、外部、法律及财务等多方面的考察。

ZH 公司在 ARDS 或 AIP、卵巢早衰及 MI 等适应症上均有望成为中国市场第一个上市的干细胞产品，在美国市场也位列头部梯队，鉴于人群及地域差异，可借鉴的临床试验经验缺如或有限，存在临床试验设计与人群定位设计的挑战，如入组人群特征及适应症的选择，相关指标范围，以及观察指标等。

人胚干细胞来自囊胚，因潜在伦理问题在欧美国家存在研究阻力，中国对人胚干细胞的来源监管也非常严格，国内只有中国科学院等少数机构有合规的人胚干细胞的细胞株，公司需要从这些机构获得可以用于制药的细胞，保证细胞来源是可追溯的。由于人胚干细胞的"干性"很强，直接进入人体可能出现致瘤和成瘤风险，通常诱导分化成功能细胞后使用，需要经过严格的筛选，并向监管机构证明最终产品无干细胞残留，没有引起肿瘤的风险。

对此，团队进行了详细的市场调研及专家访谈。目前，全球已有 5 家公司的人胚干细胞来源药品获得美国食品药品监督管理局（Food and Drug Administration，FDA）批准的IND，处于头部梯队的有安斯泰来（Astellas）的 MA09-hRPE 及 ASP7317 二代（均针对黄斑病变，进入临床 Ⅱ 期），宝太生物科技（Lineage Cell Therapeutics）的 AST-OPC1（针对脊髓损伤，进入临床 Ⅱ 期），塞玛医疗（Semma Therapeutics）的 VX-880（针对 Ⅰ型糖尿病，进入临床 Ⅰ / Ⅱ 期），Regenerative Patch Technologies 的 CPCB-RPE1（针对黄斑部病变，进入临床 Ⅰ / Ⅱ 期）及爱姆斯坦（ImStem）的 IMS001（针对多发性硬化症，进入临床 Ⅰ 期）。这些成功先例说明美国 FDA 对人胚干细胞产品的认可。在中国，自 2003年，中国人类遗传资源平台正式建立，到 2019 年，人胚干细胞产品可以申请专利，国内对人胚干细胞产品的政策支持不断提高及完善。中国国家知识产权局、科技部、卫健委及药监局从

2018 年到 2021 年，连续发布有关人胚干细胞产品的知识产权保护，研究管理办法及临床转化应用管理条例等，均表明国家对人胚胎干细胞产品积极乐观的态度。

关于人胚干细胞产品潜在的致瘤风险，伴随干细胞技术 20 年的发展和逐步成熟，其致瘤风险已不是无法逾越的鸿沟，而是已经可以得到很好控制，工艺步入成熟稳定。目前，更多应该重点关注如何提高治疗的精准性。

关于人胚干细胞属于异体移植可能涉及免疫排斥的问题，公司正着手进一步分类建立不同人类白细胞抗原（Human Leukocyte Antigen，HLA）表型的细胞产品，实现覆盖80%~90% 人群的需求，对于具有免疫原性部位的移植，可进行相应配型使用相匹配的细胞产品。

2019 年，首个针对胚胎干细胞的产品标准《人胚胎干细胞》团体标准发布，该标准是干细胞领域的基本共识。标准明确指出，原材料的获取应符合《人胚胎干细胞伦理研究指导原则》，相应要求如下，获取胚胎干细胞需要获得患者知情同意与医院伦理批准。ZH 公司所使用的胚胎干细胞均来自国家干细胞资源库，严格按照上述要求收集与存储。

此外，ZH 公司胚胎干细胞来源的细胞产品已获得国家药监局药品评审中心批准的多个 IND 临床批件，部分已进入临床 2 期阶段，细胞来源问题已得到监管部门认可。

相比 ESC 技术，iPSC 技术具有相当的增殖潜能以及批间一致性，是最具竞争力的对手。就 ARDS 适应症而言，引入 iPSC 的间充质干细胞技术 Cynata Therapeutics 的产品 CYP-001 也包含 COVID-19 相关 ARDS 以及目前扩大到全因 ARDS，进入临床 Ⅱ 期，还有基于 MSC 的汉氏联合其针对 ARDS 的产品也进入了临床 Ⅰ / Ⅱ 期。针对眼部黄斑变性的产品，基于 ESC 的安斯泰来、宝太生物科技，分别已有产品进入临床 Ⅱ 期及 Ⅰ / Ⅱ 期临床，远远快于 ZH 公司同类适应症产品。针对骨关节疾病，Cynata Therapeutics 的 CYP-004 已经进入三期临床，会优先登陆全球市场。

针对标的竞争优势，团队进行了全面评估。ZH 公司所在的人体胚胎干细胞领域，在国内独具领先优势，且核心技术及专利有中国科学院作为强有力的背书及提供科研资源的战略支持，相对国内同类产品，可比优势明显。目前，对于国外产品，ZH 公司存在适应症差异优势，同时整体处于全球头部梯队，ZH 公司上市时间与全球领先产品差距不大，先期上市的产品可以奠定良好的市场基础以及提供一定的市场经验。国外领先产品进入中国市场也有 2~3 年滞后时间，所以，ZH 公司的产品在国内的先发优势能得到一定保障。

经过长时间、完整且严谨的尽调后，我司投资团队认为纵观中国干细胞疗法过去十余年的发展，由模糊、混乱逐步走向规范化、产业化、具象化。在这个过程中，干细胞疗法也逐步完成了从医疗技术服务向药品的重要变革。至此，我国干细胞的基础研究已走在全球前列，无论是研究数量还是质量，成为我国在生物医药领域为数不多的走在全球第一梯队的细分赛道。伴随中国巨大人口群体老龄化背景下的疾病谱变迁，干细胞作为再生医学极为关键的支柱力量，将有望在可预期的未来扮演更加重要的角色。依托中国科学院在再生医学领域的长期前沿探索与科研成果产出，ZH 公司组建了强大的产业化团队完成了"实验室级成果"向"工业级产品"转化的关键一步。作为全球首个干细胞国际标准制定参与者、多个国内干细胞标准制定主持单位，ZH 公司用极高成药标准将人胚干细胞产品推进到临床阶段，已经成为中国唯一取得多个 II 期注册临床批件的多能干细胞研发企业，在肺部疾病、退行性关节疾病、视神经 / 脑神经等领域均进入临床探索阶段。目前公司已经建立符合药品注册标准的工业级细胞生产基地及令人振奋的成本控制能力，有望在可预期的未来看到干细胞在多种疾病中的突破。

三、投后赋能：打造重点项目，落地政府产业双向资金

我司于 2023 年初完成对 ZH 公司的战略投资，ZH 公司已将包括呼吸系统和骨关节系统疾病等 4 个适应症推进至注册性临床（II 期），并在中枢神经系统疾病、眼底疾病等多个领域

启动临床阶段探索。此外，公司也在近期开展多个外部合作，与潜在干细胞联用技术 / 产品进行探索，充分调动人体免疫机能，解决特定疾病需求。

我司团队针对性提出以下策略。（1）根据现有技术和临床试验效果的反馈，选择性战略推进潜力产品管线，开源节流，集中研发资金，聚焦优势品种。（2）加强投后管理，关注企业资金使用情况，保持良好沟通，确保合理开支。（3）针对公司未进入临床试验的管线产品，大量开展体外试验以反复验证药物的疗效和安全性。在进入临床试验后，注重疗效的同时，也应当密切注意后续可能出现的不良反应，并及时关注和评估是否会对产品的推进造成实质性影响。

我司在投后积极对接产业与政府资源，在中山市委领导的支持下，快速对接完成招商落地，帮助企业招引至中山市，成为中山市火炬高技术产业开发区近期唯二（另一为康方湾区创业园，康方生物为中山市旗舰企业，目前市值 340 亿元）的重大招商项目，占地 83 亩，预计建成后可满足年产 50 万支干细胞制剂的产能，年产值超 50 亿元。

截至目前，火炬高技术产业开发区与 ZH 公司已敲定落地意向和细节，为推动项目成功落地，火炬高技术产业开发区领导已多次亲临湾区药谷工地现场办公，督导园区的土地平整，全力以赴扫清项目推进障碍。ZH 公司落地火炬高技术产业开发区将全面促进产业与资本高效对接与融合发展，有效推动火炬高技术产业开发区健康医药产业链延链、补链、强链，进一步提升顶尖人才、前沿技术的汇聚衍生效应，助力火炬高技术产业开发区、中山市乃至粤港澳大湾区健康医药产业攀高升级。

四、总结思考

建信北京是一个特别的综合体，首先是作为投资机构为投资者创造长期稳健的财富回报，其次也肩负着在国家金融主战场为实体经济脱虚向实贡献"建信力量"的使命。作为建信的每一员，生物医药投资团队一直在脚踏实地，更无时无刻不在仰望星空。

现代医学领域的干细胞和再生医学被认为是治疗退行性疾病的重要手段。随着人口老龄化的趋势和退行性疾病的高发，干细胞药物的研发和应用逐渐成为关注焦点。中国政府高度重视干细胞研究，通过重点部署和资源平台建设，取得了标志性的科学成果。干细胞研究的核心竞争力亟须提升，以保障人民健康和促进经济社会发展。

在干细胞药物的研发方面，多能干细胞被认为具有较强的成药潜力，成为干细胞领域的重点技术研发方向。同时，抢占间充质干细胞市场源头也是重要的策略，确定干细胞药物的供水者与破局者。对于投资决策而言，需要深入了解技术发展路线并把握产业关键节点。

历史车轮滚滚向前，在国际外部形势错综复杂、中美关系微妙而敏感的时期，不确定性成为这个时代最确定的特征。生命科学这个行业近 10 年的发展很像中国改革开放以来发展的缩影，从全面落后到局部突破，再到量质齐升，进入全面竞争与合作的时期。

我们习惯了落后，习惯了模仿，习惯了对标，甚至习惯了追赶者的角色。猛地发现，在生命科学这一广阔的星辰大海，在某些前沿的科学领域，中国团队成为行业的领航者。这注定是孤独的，也是充满质疑的旅途。为众人抱薪者，不可使其冻毙于风雪。

对于躬耕其中的优秀科学工作者们，我们报以最高的敬意。同时，出于职业的本能，我们会尽量保持好奇、保持客观、保持谨慎，历史经验可以参考，但不照搬；权威意见可以参照，但不盲从。慎重地投下自己的一票，全力以赴，与科学同行、与科学家同行。

（建信北京生物医药组：王邦源
建信信托研究部：郑栩）

 建信北京作为一家国有投资机构，产业链布局是我们始终不懈坚持的投资思路。当前世界处在瞬息万变中，我们基于自我清晰定位，坚持纵深产业投资与横向延链结网的策略不断提升竞争优势，持续拓宽行业、产业伙伴关系，持续推动"科技—产业—金融"的良性循环。对我们来说，产业链投资不仅"正当时"，而且过去、现在、未来都会牢牢坚守。我们坚信，在助推国家产业链安全稳定和高质量发展的过程中，也一定会为投资者带来持续回报。

 去年，我们在深耕产业链投资的同时，也完成了一项重要的成果——出版了《突破瓶颈》一书。这不仅是建信北京对中国高科技行业深入研究的集成，也是我们各行业组数年来 PE 投资经验的精华总结。在这本书中，我们结合中国发展的现状与历史沿革，从宏观战略到高科技行业的具体投资，对公司未来几年的股权投资方向和整体逻辑进行了深刻的研判和谋划。全书覆盖了通信、高端制造、新能源、电子/计算机、新材料、大消费、生物医药、军工等众多赛道，提供了涉及行业内外环境的全面分析与判断，将我们长期积累的一些投资理念、心得和体会向我们的投资者报告。

 继去年深入的工作成果之后，今年我们再次完成并出版《扎根铸魂》一书。本书不仅是我们对过去一年努力的总结，也标志着我们坚守对中国高科技行业持续加大投资的承诺。《扎根铸魂》一书以产业链投资为视角，具体案例为抓手，呈现了建信北京丰富的投资与项目管理经验，提供了全新且深入的行业洞察。在这本书中，建信北京团队分享了对通信网络芯片、车载芯片、半导体设备、靶材、军用无人机、燃气轮机、长时储能、锂电池材料、VR 设备和干细胞疗法 10 个前沿项目的投资经验、理解与判断，分享了股权投资的实际案例经验与对未来的思考。

本书是一个集体研究的成果，各专业投资团队成员之间互相鼓励、探讨、密切合作，是本书得以面世的推动力。同时，为本书做出贡献的人还有许多。感谢公司领导对研究工作的高度重视和大力支持，就相关行业有关问题进行了深入讨论并提出了宝贵意见；感谢公司各行业组对具体行业、具体公司的认真研究、细致求证和积极赋能，各行业组为本书撰写提供了大量数据、优秀公司案例和专业投资经验。最为重要的是，要感谢建信信托研究部和建信北京投资洞察部的各位同事，他们严谨的态度和扎实的理论基础是本书最终得以成型的关键，同时也要感谢建信信托其他相关部门对本书出版给予的支持，再次对他们表示真挚的谢意。

最终，我们要对出现在本书中各行业躬耕其中的优秀科技工作者们表达我们最高的敬意。党的十八大以来，国家高度重视科技创新工作，坚持把创新作为发展的第一动力。通过全社会共同努力，我国科技事业取得历史性成就、发生历史性变革。重大创新成果竞相涌现，一些前沿领域开始进入并跑、领跑阶段，科技实力正在从量的积累迈向质的飞跃，从点的突破迈向系统能力提升。借此机会，我们向广大科技工作者表示衷心的感谢！

衷心希望本书所讨论的话题能够起到抛砖引玉的作用，为中国科技创新产业链投资发展提供新的视角和宝贵的经验，更希望能通过社会同仁的共同努力，为中国科技创新的荣耀续写新的篇章。

图书在版编目（CIP）数据

扎根铸魂 / 建信北京著. -- 北京：社会科学文献
出版社, 2024.1
ISBN 978-7-5228-2713-1

Ⅰ. ①扎… Ⅱ. ①建… Ⅲ. ①投资公司-研究报告-
北京 Ⅳ. ①F832.39

中国国家版本馆CIP数据核字（2023）第206481号

扎根铸魂

著　　者 / 建信北京

出 版 人 / 冀祥德
责任编辑 / 陈凤玲　宋淑洁
责任印制 / 王京美

出　　版 / 社会科学文献出版社·经济与管理分社（010）59367226
　　　　　　地址：北京市北三环中路甲29号院华龙大厦　邮编：100029
　　　　　　网址：www.ssap.com.cn
发　　行 / 社会科学文献出版社（010）59367028
印　　装 / 北京盛通印刷股份有限公司

规　　格 / 开　本：889mm×1194mm　1/16
　　　　　　印　张：12.75　字　数：188千字
版　　次 / 2024年1月第1版　2024年1月第1次印刷
书　　号 / ISBN 978-7-5228-2713-1
定　　价 / 168.00元

读者服务电话：4008918866